LA PRENSA Y LA NOTICIA

Miguel Fuster Márquez

La prensa y la noticia:

un estudio crítico discursivo asistido por corpus

Granada, 2024

Colección indexada en la MLA International Bibliography desde 2005

EDITORIAL COMARES

INTERLINGUA
396

Directores de la colección:
ANA BELÉN MARTÍNEZ LÓPEZ
PEDRO SAN GINÉS AGUILAR

Comité Científico (Asesor):

ESPERANZA ALARCÓN NAVÍO Universidad de Granada
JESÚS BAIGORRI JALÓN Universidad de Salamanca
CHRISTIAN BALLIU ISTI, Bruxelles
LORENZO BLINI LUSPIO, Roma
ANABEL BORJA ALBÍ Universitat Jaume I de Castellón
NICOLÁS A. CAMPOS PLAZA Universidad de Murcia
MIGUEL Á. CANDEL-MORA Universitat Politècnica de València
ÁNGELA COLLADOS AÍS Universidad de Granada
MIGUEL DURO MORENO Universidad de Málaga
FRANCISCO J. GARCÍA MARCOS Universidad de Almería
GLORIA GUERRERO RAMOS Universidad de Málaga
CATALINA JIMÉNEZ HURTADO Universidad de Granada

ÓSCAR JIMÉNEZ SERRANO Universidad de Granada
ÁNGELA LARREA ESPINAR Universidad de Córdoba
HELENA LOZANO Università di Trieste
JAVIER MARTÍN PÁRRAGA Universidad de Córdoba
ANTONIO RAIGÓN RODRÍGUEZ Universidad de Córdoba
MARIA JOAO MARÇALO Universidade de Évora
FRANCISCO MATTE BON LUSPIO, Roma
CHELO VARGAS-SIERRA Universidad de Alicante
MERCEDES VELLA RAMÍREZ Universidad de Córdoba
ÁFRICA VIDAL CLARAMONTE Universidad de Salamanca
GERD WOTJAK Universidad de Leipzig

ENVÍO DE PROPUESTAS DE PUBLICACIÓN:

Las propuestas de publicación han de ser remitidas (en archivo adjunto, con formato PDF) a alguna de las siguientes direcciones electrónicas: anabelen.martinez@uco.es, psgines@ugr.es

Antes de aceptar una obra para su publicación en la colección INTERLINGUA, ésta habrá de ser sometida a una revisión anónima por pares. Para llevarla a cabo se contará, inicialmente, con los miembros del comité científico asesor. En casos justificados, se acudirá a otros especialistas de reconocido prestigio en la materia objeto de consideración.

Los autores conocerán el resultado de la evaluación previa en un plazo no superior a 60 días. Una vez aceptada la obra para su publicación en INTERLINGUA (o integradas las modificaciones que se hiciesen constar en el resultado de la evaluación), habrán de dirigirse a la Editorial Comares para iniciar el proceso de edición.

Colección fundada por: Emilio Ortega Arjonilla y Pedro San Ginés Aguilar

Editorial Comares, 2024
Polígono Juncaril • C/ Baza, parcela 208 • 18220 Albolote (Granada) • Tlf.: 958 465 382
http://www.comares.com • E-mail: libreriacomares@comares.com
https://www.facebook.com/Comares • htpps://twitter.com/comareseditor
https://www.instagram.com/editorialcomares

ISBN: 978-84-1369-339-2 • Depósito legal: Gr. 1704/2024 • DOI: 1055323/edc.2022.52

Impresión y encuadernación: COMARES

Sumario

Lista de figuras y tablas

Prólogo

El periodismo ha sido testigo de profundas transformaciones en sus prácticas y en la forma en que se consume la información. Esta monografía se adentra en el estudio del discurso periodístico, de los géneros de la prensa, destacando el género 'noticia', analizando cómo, según los estudiosos críticos del discurso, estos relatos reflejan una perspectiva y, a su vez, moldean los pensamientos de los lectores sobre innumerables cuestiones de interés social y cultural. En los primeros capítulos se abordan las características de la prensa actual, destacando los cambios en los hábitos de consumo y el fenómeno de la migración e hibridación de los medios. Se exploran los intereses de la lingüística en torno al periodismo, incluyendo el impacto de la publicidad y las diversas modalidades de presentación de la información. Asimismo, se analiza el registro y género del lenguaje periodístico, con una atención particular al editorial, un género que encarna la opinión institucional de los medios.

La estructura y producción de la noticia de prensa constituye el eje central de esta obra. Se estudia cómo se generan las noticias, su organización textual y su representación estructural. Al considerar la noticia como un objeto semiótico y mul-timodal, se desvela su capacidad para construir y representar realidades, abordando también la cuestión de la objetividad y neutralidad del relato noticioso.

El Análisis del Discurso, pero, particularmente, los Estudios Críticos del Discurso (ECD) proporcionan los principios necesarios para una comprensión más profunda del discurso desde una posición de compromiso por parte del investigador. Se hace un repaso de las metodologías y aproximaciones críticas que se interesan en las relaciones asimétricas de poder y la expresión ideológica presente en los textos mediáticos. Estos estudios son fundamentales para desentrañar cómo los medios de comunicación contribuyen a la presentación de significados y cómo configuran la percepción pública.

La Lingüística de Corpus y su alianza con los estudios discursivos en el Estu-dio Discursivo Asistido por Corpus (EDAC) constituyen asimismo un eje central de esta monografía. La utilización de corpus lingüísticos por parte de los investigadores permite un análisis exhaustivo y cuantitativo del lenguaje periodístico, identificando tendencias discursivas que podrían pasar desapercibidas en un análisis manual de índole cualitativa cuando el propósito es analizar miles de textos. Se describen las técnicas y herramientas comúnmente utilizadas en el EDAC, desde el análisis de frecuencias y palabras clave hasta la anotación o el enriquecimiento mediante el uso de metadatos, destacando las ventajas de esta aproximación en los estudios discursivos.

Finalmente, en los dos últimos capítulos se describe el marco Análisis Discursivo de Valores Noticiosos (ADVN) y se aplica al estudio de la violencia de género en la prensa española reciente. Este apartado del libro se centra en cómo la prensa española de los últimos años construye sus relatos en torno a la violencia contra la mujer, utilizando el corpus NEWSGEN_VAW, creado por un conjunto de investigadores de la Universitat de València. Se trata de un corpus especializado mediante el cual se pretende mostrar los valores noticiosos y las estrategias discursivas empleadas. A través de este análisis, se busca ofrecer una comprensión más profunda de cómo se articula una temática de tin en el ámbito periodístico y su impacto en la percepción social.

Esta monografía es el resultado de la financiación proporcionada para el proyecto de investigación denominado «News Values and Ideology: The Discursive, Cross-cultural Construction of Gender and Social Inequalities in (Digital) Press through Online, Real Time Corpus Linguistic Tools. The Gender Gap Tracker and Kaleidographic» (Ref. PID2019-110863GB-100) financiado por MCIN.

Finalmente, deseo concluir este prólogo agradeciendo especialmente a mis colegas y amigos valencianos del grupo NEWSGEN por sus ánimos y sabiduría a través de numerosos comentarios en nuestros despachos, o tras pantallas de ordenador, pero también en discusiones más amenas y distendidas en cafeterías, con un café de por medio.

Capítulo 1
El lenguaje periodístico y los géneros de la prensa

I. EL PERIODISMO CONTEMPORÁNEO

Para du Plooy (2001: 86) el periodismo abarcaría, entendido en un sentido amplio, la prensa, las revistas de noticias, las revistas mercantiles, los noticiarios radiofónicos y televisivos, los servicios de prensa y, en definitiva, el contenido de todos aquellos medios de comunicación de masas que describen o discuten sobre acontecimientos actuales. El tratamiento de las noticias de prensa varía necesariamente en función de los diferentes medios de difusión, ya sea a través de su transmisión radiofónica o televisiva, de su lectura en letra impresa, o a través de su circulación en redes sociales. Esta sería la razón por la cual, por poner un caso, las noticias retrasmitidas contienen los puntos principales o titulares de los eventos noticiables, utilizan menos palabras y cubren menos noticias que la prensa diaria. En cambio, considerando formato y contenido, un periódico puede cubrir muchos acontecimientos noticiosos distintos, y dispone de espacio para analizar y analizar eventos con mayor profundidad que otros medios.

Las variables que operan en la prensa pueden ser también diversos y el analista del discurso debe ser consciente de ello. Por ejemplo, podemos atender al alcance geográfico, en el caso de España encontramos diarios como *El País, El Mundo, El Confidencial, La Vanguardia*, etc., cuyo alcance es nacional; en cambio otros diarios son regionales, como *Avui* en Cataluña y en catalán; o los diarios *Levante, Sur, Heraldo de Aragón, Diario de Mallorca*, etc., en otras comunidades y ciudades españolas. Merece también nuestra atención, y a ello nos referiremos a continuación, el papel de internet, la digitalización de la prensa o el uso las redes sociales en el periodismo actual tanto en la producción como en la recepción de noticias de actualidad.

II.   Cambios en los hábitos de consumo de la prensa

Para la mayoría de la gente, señalaba hace tres décadas el lingüista Fowler (1991: 121), la lectura de prensa es la parte más sustancial y significativa del consumo de discurso impreso, situándose tras la televisión como 'ventana al mundo'. Así mismo, Bell (1991:1) señalaba que los occidentales probablemente escuchan más lengua de los medios que directamente de los labios de otras personas a través de la conversación.

Sin embargo, el consumo de prensa ha sufrido profundas transformaciones desde finales del siglo xx, fundamentalmente debido a la irrupción de Internet y de las redes sociales. Un informe reciente de la agencia Reuters (junio de 2022) advierte del cambio en los hábitos de las personas menores de 30 años, un grupo etario que ha crecido con las redes sociales y se comporta de una manera muy distinta a generaciones anteriores. Según el informe de dicha agencia, los datos de 2022 confirman los efectos de la crisis, particularmente la del coronavirus, que han acelerado aún más los cambios que está experimentando el periodismo «hacia un entorno mediático más digital, móvil y dominado por plataformas». Así pues, añade dicho informe, el teléfono inteligente se ha convertido en la forma dominante de acceso a las noticias de la mañana, siendo este el patrón que se da en España. Dicho estudio revela, además, que durante esta última década el interés en la prensa, la radio y las noticias de televisión ha sufrido un declive en todos los países, incluida España.

A pesar de esta tendencia, en lo referente a España, Reuters indica que, tras la adopción de los modelos de suscripción digital en 2019 y 2020 por parte de la prensa se ha observado un incremento en los ingresos online. Brevemente, entre las principales cabeceras se encuentran *El País*, *El Mundo* y, en tercer lugar, *La Vanguardia*. Además, hemos asistido a la reciente incorporación de medios nativos digitales como *OK Diario*, *El Confidencial* o *elDiario.es*, un fenómeno que continúa en expansión.

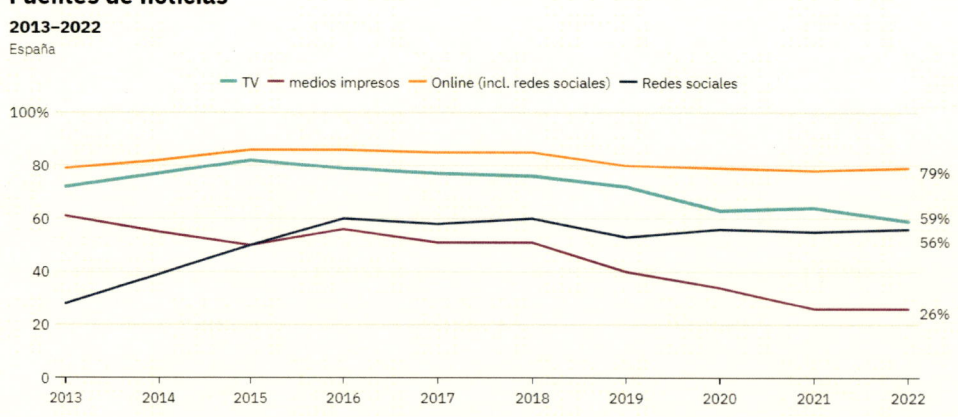

Figura 1. Fuentes de consumo de noticias (Agencia Reuters, 15 de junio 2022)

En lo referente al consumo de noticias, según nos muestra el gráfico de series temporales (Fig. 1), en esta última década, el primer medio es el consumo en línea (incluyendo las redes sociales), seguido por la televisión que, según el informe de la Agencia Reuters, sigue cayendo y, por último, se sitúa la prensa escrita. Para Gumiel (2021: 22, citando a Orús 2020) «la televisión sigue siendo el medio preferido para informarse del 39% de la población en España en el año 2020.» Sin embargo, las redes sociales han impactado de un modo considerable en la difusión de relatos de noticias, fragmentando así el tipo de audiencia destinataria. En cuanto a redes sociales, donde se comparten noticias, la plataforma más utilizada internacionalmente es *Facebook* (35%), seguida por *WhatsApp* (32%) y en menor medida *Twitter* (hoy X) (19%) (véase también Bednarek 2019: 163).

En pocas palabras, si hace apenas unas décadas el mayor consumo de noticias procedía de periódicos impresos locales o nacionales, o de la televisión, lo que se conoce en inglés como 'legacy news media' o 'heritage news media', es decir, medios de difusión anteriores a la Era de la Información, en la actualidad la gente suele acceder de forma inmediata a diversas fuentes para recibir noticias o informarse a través de Internet y redes sociales. Aunque los periódicos sigan existiendo, un cambio significativo es que los consumidores ya no necesitan esperar hasta el día siguiente para recibir las noticias, pueden obtenerlas en segundos, en el momento en que se han producido y publicado. A este respecto, puede afirmarse que estamos más informados que nunca y, a diferencia del pasado, tenemos opciones prácticamente ilimitadas para elegir sin esfuerzo quién será nuestro proveedor de noticias. Ello ha ocasionado, a su vez, según el último informe de Reuters (2024), que el porcentaje de usuarios abrumado por la cantidad de noticias haya ascendido del 26% en 2019 al 44% en 2024.[1]

III. La hibridación de los medios de comunicación

Tanikawa (2017: 3519) afirma que la posición de la prensa como principal proveedora de noticias de texto se ha visto seriamente amenazada desde finales de los años noventa con la llegada de los medios digitales y en línea. En su investigación sobre la prensa británica, Baker *et al.* (2013: 5) constatan el declive del periodismo impreso en el Reino Unido durante el período 1998-2009, con cifras de ventas que sugerían que los periódicos estaban perdiendo lectores en favor de otros medios, como la televisión o las noticias online. A su vez se ha producido una transformación importante con la migración de la prensa impresa hacia su digitalización, en la que

---

[1] https://reutersinstitute.politics.ox.ac.uk/es/periodismo-medios-y-tecnologia-tendencias-y-predicciones-para-2024

se ha optado por el modelo de suscripción, también conocido como 'muro de pago'. Si bien es verdad que, en la actualidad, aunque cualquier usuario de Internet puede acceder a las publicaciones de estos diarios, los interesados solo pueden hacerlo fragmentariamente. En España (y en el mundo occidental), para visualizar una noticia en su integridad ofrecida por la prensa, los lectores, salvo raras excepciones, únicamente pueden hacerlo mediante suscripción.

Aunque la digitalización de los medios de comunicación ha proporcionado enormes ventajas para los usuarios, la prensa se ha volcado en este proceso principalmente por necesidad durante la primera década del nuevo siglo, debido a que los ingresos por publicidad eran insuficientes. No obstante, Conboy (2010: 145), citado por Baker *et al.* (2013: 5), sostiene que el periodismo ha logrado adaptarse a esta crisis paradigmática al incorporar sus productos a los nuevos formatos.

Una transformación notable, consecuencia de la digitalización de los medios, es el de la hibridación; es decir, el uso por parte de los medios de comunicación de nuevos recursos para transmitir noticias. Mientras que en la década de los 90 todavía existía una distinción bastante nítida entre los distintos medios de comunicación (radio, televisión, prensa y sus géneros), hoy en día nos hallamos ante una más acusada mezcla mediática. En la actualidad los medios televisivos o radiofónicos incorporan o son productoras de noticias para ser leídas que son volcadas en sus plataformas digitales, compitiendo así en la divulgación de noticias para ser leídas que unas décadas atrás estaban reservadas a la prensa en papel. Por su parte, la prensa, en su modalidad digital, incorpora archivos multimedia como vídeos, o pódcast, entre otros elementos. Las noticias procedentes del periodismo informativo, a su vez, forman parte de lo que se vuelca y comparte en las redes sociales. A este respecto, para Bednarek (2019: 184) resulta preocupante desde el interés público, la forma en que las organizaciones de noticias también 'aprovechan' las redes sociales para compartir artículos virales cuyo contenido puede ser dudoso, inexacto o deliberadamente engañoso.

IV. EL INTERÉS LINGÜÍSTICO POR LA PRENSA

Fowler (1991: 4) menciona varias razones por las cuales la lingüística se ha interesado por el lenguaje periodístico. Entre estas señala la accesibilidad de las fuentes, el interés por la redacción de los titulares de prensa, la observación de cómo se manipula el lenguaje en los editoriales o cómo dicho lenguaje afecta a la sociedad en su conjunto por los valores socioculturales que transmite, o su influencia en las actitudes y opiniones de la gente a través de la forma en la que presenta a las personas y los problemas. Martin (2019b: 35) considera que el género de las noticias responde «a la necesidad humana básica de conocer las acciones de los demás, nuestro lugar en la sociedad y nuestra capacidad de actuar en el mundo».[2] Por su parte, Bell (1991: 9) entiende que los medios de comunicación son una comunidad de habla que produce una variedad lingüística propia que conviene analizar.

Aunque en estas páginas nos refiramos a una tradición cultural periodística occidental, en la que se ubicaría el periodismo español, deben señalarse algunas diferencias socioculturales en la práctica periodística durante los siglos XX y XXI. Dichas diferencias se deben a acontecimientos sociohistóricos, los mercados internos, o a la intervención política en los procesos de producción. Pongamos por caso el Reino Unido, donde existen dos tradiciones periodísticas diferenciadas, la de los 'broadsheet', o diarios de tamaño grande, y los 'tabloides', diarios de formato más pequeño. No obstante, el formato también ha ido cambiando con el tiempo, tal como indican Baker *et al.* (2013:7). *The Times* y *The Independent,* tradicionalmente 'broadsheet', tienen ahora el mismo tamaño que los tabloides -a veces se les llama «compactos»-, mientras que *The Guardian* ha reducido su tamaño al denominado formato 'Berliner' (su medida aproximada es 315 × 470 mm).

Sin embargo, la distinción no tiene que ver exclusivamente con el formato de la página, sino con el tratamiento de la información. La prensa seria (o 'broadsheet') estaría representada por diarios como *The Times, The Financial Times* o *The Independent*; por otra, la prensa popular, de contenido sensacionalista, estaría representada por los 'tabloides', con fuerte implantación en dicho país, de diarios como *The Sun, The Daily Mail* o *The Daily Mirror*. Se han observado diferencias de estilo entre ambos tipos de prensa (véase Bell 1991: 109), tales como el tipo de destinatario, siendo los tabloides la prensa de las clases populares, mientras que la prensa seria tendría como destintario un público de clases más acomodadas. Ideológicamente, ambos tipos de prensa pueden alinearse con la derecha conservadora (ej., *The Sun*) o la izquierda laborista (ej., *The Daily Mirror*). Así, en el Reino Unido, dentro del grupo de la prensa seria *The Guardian* se alinea con la izquierda ideológica mientras que *The Telegraph* se alinea con la derecha (Partington & Duguid 2018: 44). En la prensa estadounidense de calidad más influyente, en cuanto a su ideología, se considera que *USA Today* es de centro, *The Wall Street Journal* de centroderecha mientras que *The New York Times, The Washington Post* o *The Boston Globe* son periódicos nacionales de centroizquierda. Por último, en el contexto español, mientras *El País* suele alinearse con la izquierda representada por el PSOE, *El Mundo* y *ABC* están más alineados con la derecha representada por el PP. En realidad, los lectores perciben o son conocedores de las inclinaciones ideológicas representadas por la prensa que leen habitualmente.

---

[2]   Las traducciones de citas en inglés al español en este texto son propias.

El sensacionalismo o tabloidización, según Gumiel (2021: 74) es un fenómeno especialmente ligado a la espectacularización de estas últimas décadas. La prensa sensacionalista queda definida también por un modo de presentación de la información, menos abstracto, más accesible, fácil de comprender y más popular (Baum 2002, Hughes 1981, Skovsgaard 2014, mencionados en Gumiel 2021). Algunas características destacables del contenido de esta prensa sensacionalista (Gumiel 2021:75-6) son la atención a la vida privada de personajes públicos (Young & Hoffman 2012), la importancia concedida a las tragedias personales de víctimas, la disrupción en las comunidades y su impacto inesperado. En cuanto al estilo, se señala la dramatización del discurso (Bourdieu 2005) o el uso de imágenes dramatizadas (Vettehen 2006).[3]

Bien es cierto que esta distinción entre 'broadsheet' y 'tabloide', característica de la prensa británica, no tiene un equivalente preciso en la prensa española. Sin embargo, Enguix & Gallardo-Paúls (2021: 78) afirman que algunos diarios nativos digitales españoles podrían situarse en este espectro, tales como *casoaislado.com*, *gaceta.es*, *libertaddigital.com*, *okdiario.com*, *periodistadigital.com*, etc. Sin embargo, más relevante podría ser el hecho de que estos rasgos singulares de los diarios sensacionalistas, como se ha señalado, hayan penetrado en la prensa seria (Skovsgaard 2014, citado por Gumiel 2021: 75-6).

Es indudable que existen diferencias en cuanto al alcance informativo y audiencias entre diarios regionales o locales y periódicos nacionales tanto en los países europeos como en los Estados Unidos. También es evidente que las diferencias políticas inciden de manera importante en el funcionamiento de la prensa y la información. Así, por ejemplo, los periodistas en regímenes democráticos gozan de libertad para informar, mientras que en regímenes totalitarios existiría la censura informativa o de medios. España, como es bien sabido, ha transitado desde un régimen dictatorial desde la Guerra Civil hasta 1975, donde existía la censura informativa, a convertirse en régimen democrático con libertad para informar desde entonces hasta el presente.

Aunque la prensa goza de una larga historia en el mundo occidental, Van Dijk (2015: 70-71) nos recuerda que el interés por el estudio de la producción de contenidos y la organización de las noticias en los medios experimenta un notable auge a finales de los años 70 del siglo XX. Para Bell (1991: 1), nuestra sociedad está impregnada del lenguaje que se origina en los medios. Los medios son los principales presentadores de lengua en la sociedad actual, y el género de las noticias es el principal género lingüístico, llenando las páginas de la prensa y ocupando horas

---

[3] Nótese que las citas a otros autores no consultados directamente por el autor del presente trabajo no figuran en el listado de referencias.

de emisión radiofónica y televisiva. Por su parte, Martin & Dwyer (2019a, 2019b) señalan que los medios de comunicación son en la actualidad un actor crítico en el negocio del intercambio de noticias, y un intermediario de información esencial en la ecología de las redes sociales. En estas redes, los ciudadanos, además de consumir noticias, pueden producirlas ellos mismos -el periodismo ciudadano-, si bien de manera ordinaria, su hábito es compartir noticias publicadas en los medios (O'Halloran 2010: 576). Para Martin y Dwyer (2019c: 119), el periodismo de noticias brinda una narración profesional sustentada en métodos de investigación y validación que generan la confianza necesaria para acceder a información precisa sobre nuestro entorno. Asimismo, ofrece un acceso exclusivo a los ámbitos políticos y corporativos, lo cual facilita la supervisión de sus actividades.

V. La publicidad en el periodismo

Podemos afirmar que el periodismo es el producto de cada periódico que leemos, de cada canal de noticias que vemos, de cada noticiario radiofónico que escuchamos, o de cada artículo de noticias al que accedemos por Internet desde teléfonos inteligentes, tabletas u ordenadores. Al igual que en décadas anteriores, y a pesar de los cambios de paradigma reseñados, coincidimos con Fairclough (1992: 109-110) cuando afirma que los medios informativos siguen estando en el competitivo negocio de atraer una clientela. Suscribimos con Sparks (1999: 46), en referencia a la prensa británica, que los periódicos «no existen para informar dar noticias» sino «para ganar dinero, como en cualquier otro negocio.» Hoy asistimos a una mercantilización de la atención del usuario en el que el usuario es la mercancía. Como indica Conboy (2010: 7), la función principal de los periódicos no ha sido la de publicar noticias, sino que esta ha consistido en crear lectores. Martin (2019a: 6, citando a Biltereyst & Meers 2011: 424) apunta que la «mercancía producida por la industria de los medios es la audiencia misma, que se construye y luego se vende a los anunciantes» (véase también Fowler 1991: 121).

A la hora de colocar espacios publicitarios, en esta economía de la atención del mundo actual, son decisivos los cálculos de niveles de audiencia (Martin & Dwyer 2019c: 119). Uno de los métodos más importantes para calcular el producto de la audiencia electrónica ha sido el recurso a las calificaciones que tienen en cuenta la mayor o menor circulación. Así, por ejemplo, según Martin & Dwyer (2019b: 64) los índices de audiencia no sólo han servido para medir el interés o la atención de la audiencia sino una forma de negociación económica y política entre emisoras y anunciantes.

Para Martin & Dwyer (2019c: 118), en la actualidad los lectores no solo deberían preocuparse por las intervenciones políticas, sino por las intervenciones comerciales encubiertas, sobre los datos y valoraciones que comparten. Como señalan estos autores (2019c: 119), las plataformas rastrean nuestras actividades en línea, las noticias y opiniones que aprobamos, las campañas que apoyamos y las opiniones que validan las nuestras, o, por el contrario, aquellas que desaprobamos.

VI. Modos de presentación

Según Van Dijk (2015), el análisis discursivo de las noticias de prensa demuestra que un estudio lingüístico descontextualizado resulta de escaso interés si lo que deseamos es determinar la relevancia del discurso periodístico, a no ser que intentemos relacionar las estructuras textuales observadas con los contextos cognitivos y socioculturales de la producción y recepción de noticias. Van Dijk (2015) invita a cuestionarnos, por ejemplo, por qué las noticias tienen titulares grandes y destacados o cómo un análisis de la producción y el consumo de noticias resulta incompleto sin una detallada caracterización de la naturaleza del 'producto' objeto de estudio.

Prestemos atención a algunos ejemplos de noticias de prensa en formatos digitales. La Figura 2 reproduce una noticia sobre activismo antiabortista en EE. UU. publicada en *The New York Times* (12 de agosto de 2022), a la cual el usuario accede libremente mediante ordenador, tableta o teléfono móvil, el cual sirve para ilustrar algunos aspectos aquí señalados.

Figura 2. Noticia titular en *The New York Times* (publicada en línea el 22 de agosto de 2022)

Los elementos más importantes de esta noticia son la imagen de manifestantes con pancartas, el titular y la entradilla, encabezados por las secciones del periódico, y más arriba el logo del *New York Times*. En la actualidad, los usuarios no pueden acceder al contenido íntegro de la noticia a no ser que cuenten con una suscripción. Sin embargo, los investigadores interesados pueden recuperar la integridad de las noticias a través de plataformas (bases de datos) que suelen requerir de licencia.

Los formatos digitales pueden ser diversos. Así, la Figura 3 nos presenta un boletín de noticias recibido a través del correo electrónico con las noticias más relevantes del día. La importancia concedida por el diario a las noticias contenidas en dicho boletín viene indicada por ser denominadas *Top News*. Más arriba se indica en inglés que se trata de los titulares del día (*Today's Headlines*), si bien accedemos a un pequeño extracto para cada una de las tres noticias con el titular, el «byline» (autoría del artículo) y el 'lead' o entradilla.

Today's Headlines

Tuesday, August 23, 2022

Top News

Russia Accuses Ukraine of a Murder, and Hawks Demand Vengeance
By Anton Troianovski

The clamor over the assassination of Daria Dugina highlights the prominence of her fellow pro-war Russian ultranationalists.

U.N. Faces Record Humanitarian Aid Shortfall — but Not for Ukrainians
By Farnaz Fassihi

Soaring needs and wealthy countries' focus on Ukraine have left aid agencies with too little money to address the world's other crises, forcing them to cut programs.

Trump Had More Than 300 Classified Documents at Mar-a-Lago
By Maggie Haberman, Jodi Kantor, Adam Goldman and Ben Protess

The National Archives found more than 150 sensitive documents when it got a first batch of material from the former president in January, helping to explain the Justice Department's urgent response.

Figura 3. Boletín de noticias de *The New York Times* (23 de agosto 2022)

Existe una amplísima gama de diseños de presentación la cual depende casi exclusivamente de la creatividad del diseñador. Veamos ahora (Figura 4) el recorte de prensa procedente de la plataforma de *El Confidencial*, diario nativo digital español.

Figure 4. Fragmento de portada digital de *El Confidencial* (5 de enero 2021)

En esta edición, *El Confidencial* ofrece un titular que ocupa por completo el espacio de la parte superior de la página, precedido de un sobretitular, de menor tamaño, y más abajo un subtitular igualmente de menor tamaño. En la parte inferior tenemos tres imágenes en paralelo, seguidas de otros titulares (de orden menor si atendemos a su tamaño), y mención del redactor de la noticia. Al mismo tiempo, se nos indica el número de comentarios publicados para cada una de estas noticias. Sirvan estos ejemplos anteriores para ilustrar la versatilidad de diseño que ofrece la digitalización a la prensa, además de la facilidad de acceso que los usuarios tenemos para acceder a aquellas noticias que los medios consideran más relevantes.

Elementos del diseño textual, la tipografía, el color y la relación texto-imagen, no son meros adornos, sino que contribuyen a que el texto funcione como un discurso socialmente situado. Como veremos en una sección posterior, estos aspectos multimodales no son recuperables mediante la lingüística de corpus, cuando nos vemos obligados a trabajar con cientos o miles de textos convertidos a texto plano. Únicamente será posible recoger estos aspectos multimodales, indirectamente, a través de la anotación discursiva.

VII. EL LENGUAJE PERIODÍSTICO: REGISTRO Y GÉNERO

Los lingüistas, especialmente los sociolingüistas, saben que la lengua que empleamos varía según su contexto de uso. Nunca hablamos ni escribimos del mismo modo. La variación es inherente a la diversidad comunicativa en la que nos encontramos en distintos momentos y facetas de nuestra vida, pero, además, refleja elementos socioculturales compartidos.

La división en tipologías textuales, considerando parámetros de uso de la lengua, es una preocupación constante de los analistas de la lengua y del discurso. Fowler (1991: 36) encuentra diferencias lingüísticas notables, por ejemplo, entre la publicidad, el lenguaje legal, las noticias, o las conversaciones. Un concepto ampliamente utilizado en la lingüística para referirse a esta diversidad lingüística o textual es el de *registro*. Un *registro* es el producto de un conjunto de selecciones de un sistema lingüístico más general, el significado potencial al que accedemos en un contexto social dado. Según Halliday & Matthiessen (2014: 29), entendemos como *registro* toda aquella diversidad textual que encontramos en la vida que pone de relieve distintas formas de usar el lenguaje en contextos diversos.

En su descripción gramatical del inglés actual basada en corpus, Biber *et al.* (1999: 4) centran su atención en cuatro *variedades* lingüísticas principales, a saber, la conversación, la ficción, el lenguaje de los periódicos y la prosa académica. Biber *et al.* (1999) se refieren a cada una de estas *variedades* como *registro*, mientras que cada muestra extendida de la lengua de un registro constituiría, en su denominación, un *texto*. Según estos autores, existen muchos textos en el medio escrito: por ejemplo, un artículo de una revista académica, un informe periodístico, un manual de historia o una novela constituirían textos distintos. Otros textos son orales, tales como una conversación cara a cara o una conferencia. Podríamos establecer subcategorías para cada una de estas categorías anteriores, que conllevan una notable variación lingüística: por ejemplo, en la prensa escrita, no solo encontramos reportajes de noticias, también encontraremos editoriales, reseñas, etc. (Biber *et al.* 1999: 17). Biber & Conrad (2009) definen los *registros* como variedades lingüísticas asociadas con una combinación particular de rasgos situacionales y propósitos comunicativos, que a su vez suelen exhibir similitudes lingüísticas. Para Biber (2012), el concepto de *registro* es esencial para explicar los patrones sistemáticos en el uso del lenguaje. Fowler (1991: 59) también ha señalado diferencias notables entre el lenguaje oral y el lenguaje periodístico con referencia a la relación entre emisor y destinatario. Por ejemplo, considera que el lenguaje de la prensa es *asimétrico* respecto a sus destinatarios, los lectores: un periódico es una institución, un lector es una persona. Socioculturalmente, según Fowler, la letra impresa connota formalidad y autoridad, mientras que el habla connota informalidad y solidaridad (véase también Agar 1985).

Lee (2001: 41) señala la confusión existente en la literatura en el uso de los términos *género* y *registro*; ambos términos se han utilizado indistintamente porque existe solapamiento. Goulart *et al.* (2020: 435) propone esta útil distinción: mientras que un enfoque de *registro* se centra en las relaciones funcionales entre los patrones lingüísticos de uso y las características situacionales, un enfoque de *género* se centraría en la estructura retórica de los textos. El concepto de *género* tiene un origen literario, y se refiere a conjuntos de textos que presentan similitudes formales y estilísticas relacionadas con situaciones de comunicación comunes, como por ejemplo los géneros literarios *oda*, el *soneto*, la *novela epistolar*, etc. Para Fowler (1991: 227), el *género* constituiría un tipo de intertextualidad; decimos que un texto pertenece a un *género* porque se relaciona con otros de características semejantes.

Podríamos decir que en el caso de la prensa existirían principalmente tres *géneros*, a saber, el informativo, el de opinión y el interpretativo. El género informativo lo conformarían las noticias o relatos de un acontecimiento de actualidad que suscita interés público. También formaría parte de este género el reportaje objetivo, como relato que describe un hecho sin incluir opinión o valoración del periodista. El género de opinión lo constituyen prototípicamente los editoriales y una variedad de contribuciones de artículos de opinión. Dentro del género interpretativo hallamos combinadas la información y la opinión, como sería el caso de las crónicas, los reportajes interpretativos o las entrevistas. Con todo, no siempre es fácil distinguir nítidamente entre los textos que corresponden a distintos géneros. Cada uno de estos géneros o subgéneros emplea estrategias textuales que indican a los lectores que pueden esperar de una experiencia discursiva concreta (Fowler 1991: 227, Bell 1991: 14).

El editorial es el artículo de opinión que representa más palmariamente la posición ideológica del periódico. El editorial es el artículo más subjetivo e ideologizado, y suele ocupar un lugar destacado en las publicaciones diarias. En la prensa inglesa, Fowler (1991: 16-17) destaca como uno de sus rasgos estilísticos el uso del pronombre consensual «nosotros», en los que sus autores reclaman ser la voz de la «la gente». A este género pertenecen también las columnas de opinión, que contienen un planteamiento personal del autor sobre temas de actualidad.

Desde una perspectiva pragmática y considerando la intencionalidad, Enguix & Gallardo (2021) clasifican los artículos de opinión como géneros con una fuerza ilocutiva expresiva, en contraste con el género de noticias, que se caracteriza por una fuerza ilocutiva representativa. En este sentido, Enguix & Gallardo (2021: 86) señalan que los periódicos actúan como agentes políticos, y que los géneros de opinión son los más adecuados para reflejar la afiliación política de los medios o su alineamiento con ciertas corrientes políticas (véase también Borrat 1989, Hallin & Mancini 2004).

Baker *et al.* (2013: 12) albergan serias dudas de que los lectores sean siempre capaces de diferenciar las opiniones de un columnista, que posee el atractivo de una celebridad, de las de un escritor de cartas al editor, cuya voz hipotéticamente representa al ciudadano común, a esa mayoría invisible. La situación es en realidad más compleja porque, en última instancia, los editores deciden qué puntos de vista y qué columnistas de opinión publicarán en el periódico. Esas opiniones quedan plasmadas en el periódico y tienen poder y potencial de influir en los demás. En § 1.8. describiremos algunas características discursivas relevantes del artículo *editorial*.

Biber *et al.* (1999: 9) consideran que *la noticia* tiene rasgos lingüísticos que la distinguen de otros tipos de texto. Los relatos de noticias de prensa se escriben en un lenguaje que se edita y revisa cuidadosamente. Su objetivo es transmitir información de acontecimientos recientes y personas de interés periodístico. Pretenden presentar una información objetiva en las que apenas se introducen opiniones. En torno al género de la *noticia,* los periodistas establecen una distinción básica entre *noticias duras* y *noticias blandas* (traducciones del inglés *hard news* y *soft news*, respectivamente) (véase Bell 1991: 148). Otros términos utilizados en inglés en los estudios periodísticos para referirse a esta distinción son *straight news*, equivalente a *noticias duras* y *analytical news*, equivalente a *noticias blandas* (vid Tanikawa 2017: 3521). Las *noticias duras* son el producto fundamental de la prensa diaria. Su contenido son relatos de accidentes, conflictos, crímenes, anuncios importantes, descubrimientos y otros acontecimientos que han sucedido o salido a la luz desde la edición anterior delperiódico. Los acontecimientos puntuales e imprevistos, como incendios y catástrofes, se denominan en ocasiones «noticias de actualidad». Otra categoría de *noticias duras*, según Bell (1991: 148), es la dedicada a la política o la diplomacia: noticias sobre elecciones, anuncios gubernamentales, negociaciones internacionales o la política de partidos.

El término *noticias duras* fue introducido por Tuchman (1973) en relación con eventos inesperados que hacen referencia a «líderes mundiales, problemáticas mayores o disrupciones de la vida diaria, como un terremoto o el desastre de una aerolínea» (Patterson 2000: 4). Shoemaker & Cohen (2006: 13) destacan la dimensión temporal de las noticias duras, indicando que dichas noticias se centran en eventos que deben tratarse de forma inmediata y se vuelven obsoletos de manera muy rápida (véase Gumiel 2021:73). En cambio, las *noticias blandas*, según Bell (1991: 14), son las noticias de interés humano y no previsibles (Tuchman 1973); noticias personalizadas, sin ataduras al momento presente. Los *reportajes* son el caso más obvio de *noticias blandas*. Se trata de relatos más largos que aquellos que cubren acontecimientos inmediatos. Proporcionan información de fondo, a veces introducen valoraciones, y suelen llevar el nombre del periodista responsable. Mientras que en los *reportajes* se busca la imparcialidad y la objetividad, en las *crónicas* el periodista puede darle un enfoque, o dotarlas de su propia voz. Los periodistas encargados de redactar *crónicas* son distintos de aquellos que redactan las noticias del día.

Muchos diarios adquieren sus reportajes de servicios externos proporcionados por agencias de noticias o periódicos influyentes. Para Mahlberg (2009: 273, citando a Keeble 2006), la longitud del texto es, en efecto, un criterio utilizado para distinguir entre *noticias* (duras) y los artículos de fondo representados por *crónicas* y *reportajes*. Los artículos de fondo suelen contener más comentarios, análisis, antecedentes y una mayor diversidad de fuentes que los artículos de noticias; habitualmente exploran una temática más amplia, en mayor profundidad. Por el contrario, las noticias duras suelen ser más concisas. No obstante, la investigación realizada por Bonini (2019: 219) pone de manifiesto que, al menos en el contexto americano, los géneros *noticia* y *reportaje* existen en un continuo, no como oposición de unidades discretas y opuestas, sino en una compleja ecología donde las distinciones son graduales. En esta misma línea, Tanikawa (2017) destaca que las fronteras entre las noticias duras y las noticias blandas se están desdibujando. La razón estriba en que el periodismo se encuentra inmerso en un estado de constante transformación, y está buscando preservar su identidad en el competitivo entorno de los nuevos medios de consumo de noticias.

Junto a los géneros que acabamos de describir sucintamente, la prensa ofrece además una gama más amplia de textos propios. Sin embargo, el relato noticioso es sin duda el género al que se ha prestado mayor atención y al que dedicaremos más atención en esta monografía.

Lo esencial aquí tiene que ver con las diferencias en la organización discursiva del artículo de prensa y su estilo, aspectos que son reconocidos sin dificultad por usuarios de la lengua. Fowler (1991: 39-40) apunta que para comprender el texto de un periódico, por ejemplo, los lectores aportan un modelo mental, un esquema del estilo esperado, que reconocen intuitivamente gracias a experiencias previas. Es decir, los lectores de prensa saben de antemano qué cabe esperar de los reportajes de noticias, su secuencia expositiva, dónde se generaliza o se moraliza, entre otros aspectos (Fowler 1991: 60). Son varios los rasgos estilísticos que se han señalado sobre el género de la noticia. Así, por ejemplo, el estilo de las noticias está más ligado a lo que Fowler (1991: 64) denomina la ficción realista. En estos relatos, los periodistas buscan dar la impresión de objetividad y evitan o minimizan las expresiones modales. La noticia presenta un estilo fundamentalmente narrativo; la objetividad está ligada al manejo de la evidencialidad, es decir al uso de las fuentes de la información por parte del periodista, aspecto esencial en su análisis discursivo (Martins Caldas *et al.* 2018).

En el género de noticias, el periodista no utiliza una presentación en primera persona (Bell 1991: 155). Sin embargo, una estrategia del relato noticioso es introducir valoraciones ajenas sin atribución o bien, con frecuencia, atribuir indirectamente la subjetividad o las valoraciones mediante citas a un actor social relevante de las élites. Según Bell (1991: 205) la presentación de citas tiende a ser más literal cuanto más relevante sea el actor social citado. Ello permite al periodista cumplir con al menos dos objetivos informativos (Bell 1991: 207-8): valorarlo como un hecho especialmente incontrovertible porque son las propias palabras del actor elitista y, al mismo tiempo, distanciar y absolver al periodista y, por ende, al medio informativo, de respaldar lo declarado por la fuente. Este distanciamiento se hace patente cuando las citas de palabras o frases aparecen entrecomilladas, si bien, según Bell (1991: 208), las citas literales entrecomilladas son la excepción y no la regla en el género de las noticias. Predominantemente, los periodistas prefieren usar estilos indirectos. Dicho esto, los periodistas pueden citar mal, y también realizar atribución errónea. Volveremos sobre esta cuestión del manejo de fuentes y de la atribución en el Capítulo 3.

Por último, y en referencia al estilo, destaquemos que los titulares de artículos de noticias en medios anglosajones tienen la peculiaridad de utilizar estructuras en voz pasiva. En parte se explica por la necesidad de economizar espacio al tiempo que establece el tema de la propia noticia. También de la nominalización, es decir, convertir predicados verbales o adjetivales en sustantivos. Sin duda, ambos rasgos tienen consecuencias en la interpretación discursiva dado que diluyen las responsabilidades de los actores sociales (véase discusión en Fowler 1991: 78-9, Halliday & Mathiessen 2014: 390). En un estudio basado en un corpus de 3 689 titulares de noticias de prensa en español, Nadal Palazón (2012, véanse también Alarcos Llorach 1977, Hernando Cuadrado 1994) señala la presencia de cuatro rasgos constantes: oraciones bimembres, elipsis, nominalizaciones y uso del presente histórico.

VIII. EL EDITORIAL COMO ARTÍCULO DE OPINIÓN INSTITUCIONAL

Diariamente, los periódicos publican algún artículo de opinión editorial, distinto de las noticias, en los que afirman expresar su propio punto de vista. Existen, y se ha mencionado, otros artículos eminentemente opinativos, como *la columna*, firmado por un escritor prestigioso (el columnista), o simplemente el *artículo*, que suele estar firmado por un autor que, a diferencia del columnista, escribe de forma esporádica. En ambos casos es importante el yo del autor. A diferencia del género noticia, de carácter eminentemente narrativo, los textos editoriales son argumentativos. Sin embargo, no profundizaremos aquí en su análisis, y remito a aquellos interesados en una discusión en torno a dichos géneros, por ejemplo, a Yanes Mesa (2004).

Nos permitimos aquí, eso sí, explorar brevemente el *editorial*, dada su significativa función simbólica. Según Fowler (1991: 208), este tipo de artículo delimita explícitamente la sección de 'opinión' del periódico, sugiriendo implícitamente que las demás secciones son 'objetivas'. El artículo *editorial* no va firmado por ningún periodista responsable, pero recoge la opinión institucional y colectiva del medio. Ese carácter institucional otorga a este tipo de artículos de una gran relevancia. Todos los *editoriales* dan su opinión acerca de noticias aparecidas en ese mismo número o en números recientes. Los temas de actualidad tratados en un *editorial* suelen ser aquellos que entrañan mayor trascendencia política, social o económica. Los periódicos cuentan con un consejo editorial que debate, perfila y decide cuáles van a ser las opiniones institucionales que se defenderán ante la opinión pública mediante los editoriales.

En lo referente a su estilo, Biber (1988: 195) clasifica a los *editoriales*, junto a las cartas al editor, como textos eminentemente persuasivos. Estos artículos de prensa, según Biber (1988), no pretenden ser objetivos, son simplemente expresiones explícitas, persuasivas, que buscan convencer a los lectores. Al igual que otros artículos de opinión, como aquellos redactados por columnistas, los editoriales suelen hacer uso de la modalidad, de expresiones modales ('debería', 'podría', 'sin duda'), que indican juicios sobre lo verdadero, la probabilidad o la obligación.

En estos artículos, sus responsables ofrecen a los lectores valores y creencias (Fowler 1991: 208-209). En gran medida la subjetividad expresada va ligada a la capacidad que reclama para sí mismo el editor por el conocimiento que posee para juzgar o dirimir responsabilidades. Según Fowler (1991: 221), los *editoriales* suelen contener afirmaciones genéricas y enunciados descriptivos que se presentan como aplicables a cualquier caso relacionado con las entidades mencionadas. Su tono es autoritario, ya que pretenden ofrecer un conocimiento exhaustivo y definitivo sobre un tema que no deja resquicio a un análisis más abierto. Se utilizan diversas técnicas para reforzar la impresión de que el discurso emana de una figura con autoridad, que se dirige a un lector específico, enmarcado en una relación de 'nosotros', y que asume una postura claramente definida frente a 'ellos', es decir, las personas o temas que se abordan. Estos textos representan un discurso de poder institucional, dado que no solo se originan en la presunta autoridad del medio periodístico, sino que también contribuyen a su consolidación.

Finalmente, analistas del discurso como Partington (2008) al tratar los relatos de noticias simplemente como un tipo de discurso. En su opinión Partington eel término *género* tiene un bagaje excesivamente literario (2008: 96). Y seguiremos en estas páginas con nuestro tratamiento centrado, tal y como hacen Bednarek y Caple (2017: 7) en las noticias duras y noticias blandas dado que tales relatos presentan rasgos semióticos idiosincráticos y equiparables. Por consiguiente, no nos ocupamos en los capítulos siguientes de otros textos periodísticos como consejos, opiniones, correos electrónicos de lectores, entrevistas u otros textos que forman parte de la prensa diaria.

Capítulo 2
La noticia de prensa: Producción, estructura y objetividad

I. La generación de la noticia de prensa

Bell (1991: 147) cuestiona que los periodistas escriban *artículos*; en su opinión, lo que producen son relatos. Un relato posee estructura, dirección, plantea una cuestión y presenta una perspectiva. Los relatos se encuentran en todas las formas de uso del lenguaje, desde las conversaciones cotidianas hasta los discursos públicos. En este capítulo nos referiremos específicamente a la noticia de prensa como relato o género periodístico clave, tal y como nos lo encontramos tradicionalmente en la prensa escrita o, en la actualidad, en la prensa digital. Comenzaremos abordando la noticia de prensa como objeto semiótico y multimodal. Proseguiremos centrándonos en el texto y los agentes que intervienen en su producción. Daremos cuenta de la representación de la estructura de la noticia y finalizaremos este capítulo examinando la controvertida cuestión de la objetividad a menudo atribuida como parte de la esencia de este tipo de relato desde una perspectiva discursiva.

II. La noticia de prensa como objeto semiótico y multimodal

Baker *et al.* (2013: 6) señalan que la relación entre periódicos y lectores o audiencias es compleja, y que la influencia entre ambos es recíproca. Los lectores no se construyen pasivamente; el significado se crea mediante la interacción entre el texto y sus lectores. Son varios los estudiosos que se han referido al carácter semiótico de la prensa. Fowler (1991: 8) destaca la importancia del formato gráfico de la página, una dimensión vital para la organización del texto del periódico. Las elecciones tipográficas (estilo y tamaño de la impresión) contribuyen a romper esa uniformidad del gris textual de la impresión convencional. Junto a esto, tenemos la composición y el despliegue de fotografías, dibujos, caricaturas, tablas, mapas, pies de foto, etc. Todos estos elementos son de gran importancia en la representación y todos ellos interactúan dinámicamente con los textos. En otras palabras, el texto de la noticia es fundamental, pero está acompañado por una retórica visual que combina la fuerza comunicativa y el potencial expresivo de estilos tipográficos e imágenes.

Chandler & Munday (2016) describen la multimodalidad como el uso de más de un modo semiótico en la elaboración de significados, la comunicación y la representación. La multimodalidad está presente en todo tipo de discurso, incluyendo todas las formas de comunicación verbal, no verbal y contextual. Por tanto, la multimodalidad debe entenderse como la integración de diferentes modos semióticos. Van Leeuwen (2011: 668) sostiene que muchas formas de lenguaje escrito contemporáneo no pueden entenderse adecuadamente si excluimos las imágenes, el diseño, la tipografía o el color que exhiben. Según Van Leeuwen, es preciso examinar el potencial de significado de cada modo semiótico (imagen, gesto, discurso, arquitectura) del evento comunicativo; o, en palabras de Kress (2010: 28, citado por Caple 2018), debemos atender al *conjunto modal*. Kress (2010: 162) utiliza el término *conjunto modal* para destacar que un evento comunicativo resulta del proceso de ensamblar o diseñar una pluralidad de signos en diferentes modalidades en configuraciones particulares para conformar un conjunto coherente.

Caple (2018: 85) lamenta que la mayoría de los análisis discursivos ignoren la multimodalidad en los estudios de comunicación. Baker *et al.* (2013) sostienen que, además de romper la monotonía del texto, los elementos multimodales en la noticia añaden veracidad y contribuyen a la comprensión textual del relato. Es evidente, por tanto, que no puede ignorarse este aspecto de la comunicación. Sin embargo, coincidimos con Fowler (1991) que el análisis periodístico es tan intrincado que favorecer un aspecto implica ignorar otros. En este sentido, como indica Fowler (1991), los investigadores han priorizado tradicionalmente el texto escrito sobre otros elementos semióticos en el análisis de la prensa, mientras que los elementos visuales (véase Caple & Knox 2015), salvo raras excepciones, se analizan generalmente de forma independiente.

III. **La producción textual de la noticia de prensa**

La noticia de prensa posee una estructura visual y narrativa que la distingue de otros géneros narrativos y también de su manifestación en distintos soportes de comunicación. No obstante, a diferencia de las noticias televisadas o radiofónicas en sus boletines a distintas horas del día, las noticias de la prensa son más complejas, generalmente más largas y detalladas (Bell 1991: 148). En este punto, conviene preguntarnos quienes son los responsables de los elementos que componen la noticia publicada. A diferencia de los artículos de opinión, cuya autoría es indiscutible, el proceso de asignación de producción de noticia es más complejo, resultado del trabajo colectivo de periodistas, editores, gerentes, personal técnico, etc. (véase Fourie 2001: 118). Según Bell (1991: 40-1), el material correspondiente al 'cuerpo del texto' (el texto continuo de una noticia) es responsabilidad del periodista asignado, de ahí que el título de *periodista* se utiliza precisamente para nombrar a aquellos cuyo trabajo central es escribir estos relatos. Sin embargo, el resto de los elementos suele ser generado por otras personas que trabajan para el medio, tales como los editores de ilustraciones, los fotoperiodistas (encargados de las fotografías que acompañan al texto), o los encargados de escribir los pies de las fotografías. Nótese que en la actualidad, debido a la incorporación del periodismo a Internet, es posible producir distintas versiones en la redacción de la misma noticia de prensa a lo largo de una jornada.[1]

Especialmente relevante es la función periodística atribuida a (sub)editores. Así, por ejemplo, tradicionalmente en el periodismo anglosajón, también en el español, el editor de redacción (i. 'copy editor'), entre otras obligaciones, se encarga de cortar y modificar el lenguaje del relato redactado previamente por el periodista designado, redactar los titulares e incluso la entradilla de la noticia (Bell 1991: 186; Thomson *et al.* 2008: 214). El (sub)editor también se encarga de cuestiones estilísticas, tales como asegurarse de que no haya errores ortográficos o gramaticales, de eliminar repeticiones, o cerciorarse de que la información no sea engañosa o inexacta. El subeditor además se asegura de que el relato sigue el estilo editorial o de que el texto tiene la longitud requerida. Por último, el editor o subeditor puede también necesitar de asesoramiento legal, y en ese caso realizar cambios al texto de la noticia, siempre o cuando lo requiere. Por todo ello, tradicionalmente, los subeditores son considerados como los responsables últimos de la forma en que se presentan los relatos (Bell 1991: 42-3)[2] Todo este trabajo colectivo de personal en los rotativos hace que en muchas ocasiones la autoría de la redacción de una noticia venga anonimizada y no firmada por un periodista concreto. No obstante, señálese que, a pesar de la importante labor realizada por los subeditores, desde principios del siglo XXI, medios prestigiosos están prescindiendo de ellos, en gran medida como consecuencia de recortes de gastos ocasionados por la crisis sufrida por el periodismo durante las últimas décadas (Keith 2019). Según Hettinga & Smith (2021: 194), la decisión de prescindir de los servicios de estos subeditores en influyentes periódicos americanos habría repercutido en la calidad de las noticias publicadas.

En cuanto a la generación del texto de la noticia de prensa, la mayoría de los medios de comunicación difunden un mayor número de noticias publicadas por otras organizaciones que por sus propios periodistas. Este es, sin duda, el caso de las noticias internacionales. Según Bell (1991: 16), las noticias internacionales proceden

---

[1] La indicación de la hora exacta de publicación de la noticia sería consecuencia de esta multiplicidad de versiones.

[2] Véase también https://www.educaweb.com/profesion/subeditor-318/

de cuatro agencias, a saber, *Reuters*, *Associated Press*, *United Press International* y *Agence France Presse*. En España, la agencia *EFE* es la más importante por facturación. La utilización de fuentes diversas, tales como la información extraída de estas agencias de noticias, mediante cortado y pegado de las mismas en la redacción, es una estrategia básica de los medios de comunicación denominada *incrustación* (i. 'embedding'). La utilización de esta información, según Bell (1991: 41), convierte al periodista en compilador y creador de lenguaje, dado que muchas de las noticias consisten en textos previamente compuestos, que son reelaborados por el periodista para convertirlos en nuevos textos.

IV. REPRESENTACIONES DE LA ESTRUCTURA DE LA NOTICIA DE PRENSA

Debido a su naturaleza convencional, el esquema de la noticia es implícitamente conocido por periodistas y lectores en sus propias culturas (Dijk 2015:86). Brevemente, las partes principales de una noticia de prensa en nuestra cultura periodística son: (1) *El titular* (que puede incluir *subtítulos* o *sobretítulos*); (2) *La entradilla* (i. 'lead'): es el párrafo inicial de la noticia; y (3) *El cuerpo de la noticia*: es la sección más extensa (véase también Hernando Cuadrado 1994).

Todos estos elementos de la noticia se presentan visualmente de una manera diferenciada en cuanto a tipos o tamaños de letra frente al cuerpo de la noticia (Bell 1991: 15). A saber, el *titular* (*sobretítulo* y/o *subtítulo*, opcionalmente) encabeza la noticia, sus letras son más resaltadas y nos revela el asunto de la noticia. Justo debajo del *titular*, el lector se encuentra la *entradilla* o *lead*, en letra también resaltada frente al cuerpo de la noticia, pero no tanto como la del *titular*. En muchas noticias publicadas, la *entradilla* puede no estar resaltada o ser opcional (Dijk 2015: 86), y simplemente constituir el encabezamiento o primer párrafo del cuerpo de la noticia.[3] Sin embargo, la función discursiva que cumple es clara: se trata de una oración o párrafo principal que contiene la esencia informativa, el resumen de los datos o hechos más importantes que se desarrollarán en el *cuerpo* de la noticia.

Son numerosos los estudios de periodismo que aluden a la organización de la *noticia* como una estructura de *pirámide invertida*, en la que los elementos informativos principales se sitúan en la parte superior y los menos relevantes, ordenados de mayor a menor importancia, se sitúan en la zona inferior (Bell 1991: 169, Thomson *et al.* 2008: 212). Según Thomson *et al.* (2008: 213), los estudios periodísticos sobre la noticia suelen hacer dos afirmaciones relevantes: (1) que esas narraciones

---

[3] La discrecionalidad en la ubicación de la entradilla de una *noticia* dificulta su separación automática del resto del texto en grandes bases de datos como *Factiva*, utilizada en la investigación del grupo NEWSGEN (vid Capítulo 6). Separar manualmente esta sección en miles de noticias tiene implicaciones que los analistas del discurso no pueden resolver de manera satisfactoria.

comienzan ofreciendo un resumen del acontecimiento relatado y (2) que, en lugar de ofrecer una reconstrucción cronológicamente ordenada de lo sucedido, esos relatos se organizan de modo que la información más importante va en primer lugar, y posteriormente lo menos importante. El papel de una buena entradilla es precisamente el de brindar a los lectores la información más importante de una manera clara, concisa e interesante. Además, la entradilla establece la voz y la dirección de la noticia. Por su parte, el titular es un resumen del resumen presentado en la entradilla (Bell 1991: 150).

Con la digitalización de la prensa y la contribución de las redes sociales, los titulares y las entradillas pueden convertirse en las únicas secciones de las noticias que gratuitamente reciban lectores en múltiples formatos, tales como el boletín de noticias (i. 'newsletter') de *New York Times* que reproducimos en Figura 5, recibido como parte de un correo masivo a lectores suscritos. En dicho boletín se ha escogido un grupo de noticias calificadas más importantes (i. «Top News»). Todas ellas incluyen el titular, el nombre del periodista asignado, la entradilla y la imagen que acompaña a cada una de ellas. Se prescinde del cuerpo de la noticia.

Today's Headlines

Tuesday, August 23, 2022

Top News

Russia Accuses Ukraine of a Murder, and Hawks Demand Vengeance

By Anton Troianovski

The clamor over the assassination of Daria Dugina highlights the prominence of her fellow pro-war Russian ultranationalists.

U.N. Faces Record Humanitarian Aid Shortfall — but Not for Ukrainians

By Farnaz Fassihi

Soaring needs and wealthy countries' focus on Ukraine have left aid agencies with too little money to address the world's other crises, forcing them to cut programs.

Trump Had More Than 300 Classified Documents at Mar-a-Lago

By Maggie Haberman, Jodi Kantor, Adam Goldman and Ben Protess

The National Archives found more than 150 sensitive documents when it got a first batch of material from the former president in January, helping to explain the Justice Department's urgent response.

Figura 5. Boletín informativo de *The New York Times* (23 de agosto 2022)

White (1997) sostiene que el titular y la entradilla presentan un pico de información evaluativa que, a menudo, intensifica la acción hasta el punto de poder ser criticada como sensacionalista. Podríamos decir que la manera en que el medio titula sus noticias en prensa constituye un modo de interpretar el acontecimiento. Bell (1991: 152) destaca la importancia del párrafo principal como eje evaluativo, la narración proporciona una dirección y conforma una lente a través de la cual se observa el resto del relato.

La publicación de boletines de noticias, resultado de la transformación y digitalización de la prensa actual, como la que presentada en la Figura 5, ponen de relieve la importancia de estos encabezamientos, convirtiéndose en el único foco de atención. Por un lado, titular y entradilla tienen la función de atraer al lector, despertar su interés por la noticia, incitándole a la lectura de la información restante. Si al lector no le interesa el titular, no procederá a la lectura del resto de la noticia. Y, por el otro, estos encabezamientos poseen sentido propio, pueden ser leídos de forma independiente: contienen unidades lingüísticas autónomas que ofrecen los aspectos más relevantes o noticiables de la noticia.

Como indica Van Dijk (2004: 26), el orden del relato es fundamental en el análisis discursivo, no solo en lo referente a la secuencia léxica dentro de una oración, sino también en la estructura del discurso en su conjunto. Es una cuestión retórica que atañe a la organización de los discursos orales o escritos, basada en criterios de importancia y relevancia. Los significados que se desean destacar suelen colocarse al inicio, como en los titulares que reflejan los temas principales. Generalmente, al leer la primera parte de un discurso, se capta su esencia, mientras que las conclusiones también pueden ser especialmente memorables.

Sin embargo, a diferencia de otro tipo de discursos, la conclusión es irrelevante en el relato periodístico, o bien podría decirse que estos relatos carecen de conclusión. Retóricamente, según Bell (1991: 154), a diferencia de otros relatos, las noticias no se redondean, ni tienen un verdadero final narrativo. Los lectores no siempre precisan o desean leer la noticia en su integridad, y de hecho suelen hacerlo ocasionalmente. En la actualidad, con tantas fuentes de información que elegir (periódicos, revistas, televisión, radio e Internet), las audiencias no estarán dispuestas a leer más allá de este primer párrafo de la noticia a menos que capte su interés. Ahora bien, desde la perspectiva discursiva, un mismo acontecimiento noticiable puede tener titulares redactados desde perspectivas distintas e incluso opuestas. Como saben los lectores, los medios titulan de forma diversa, incluso en un mismo diario podemos encontrar distintos modos de titular las noticias entre unas secciones y otras.

Halliday & Matthiessen (2014: 663) inciden en que más que una organización cronológica, las noticias son relatos en los que el mismo episodio se construye desde perspectivas o ángulos diversos en distintas ocasiones. Fourie (2001: 88) señala que, convencionalmente, las narrativas en las noticias son abiertas y suelen basarse en ciertas convenciones: puede vincular eventos en una secuencia de causa y efecto, o en un orden lógico de principio a fin. También pueden presentar eventos sin orden cronológico, estructurados según sus valores noticiosos y la relevancia proporcionada por el periodista o editor. En las imágenes, la narrativa es implícita y, como señalan Bednarek & Caple (2017), construyen igualmente valores noticiosos (véase Capítulo 5). Veamos a continuación en mayor detalle dos esquemas de representación de la organización de la noticia que han tenido cierta repercusión entre los estudios discursivos. En primer lugar, examinemos el esquema superestructural de Van Dijk (1985), y posteriormente el esquema orbital sugerido por White (1997).

1. El esquema superestructural de Van Dijk

Van Dijk (1985, véase también Van Dijk 1988a, 1988b, 1990, 2011, 2015) señala que los esquemas de las noticias de prensa son convencionales y reconocidos, implícitamente, por sus destinatarios en sus entornos culturales, es decir, por los periodistas y los lectores.

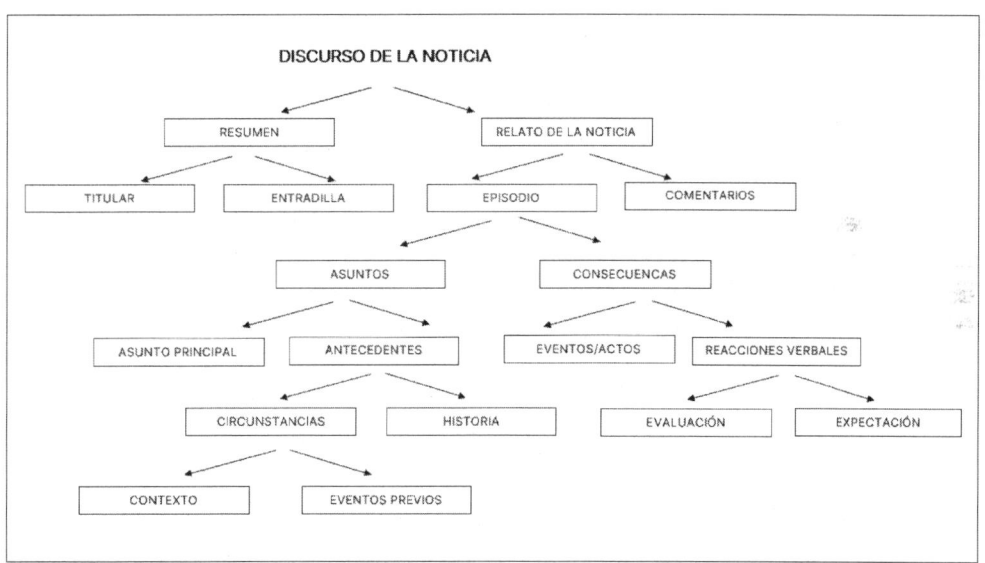

Figura 6. Esquema superestructural de la noticia de prensa (adaptado de Van Dijk 1988b: 55, 2011: 86)

Las categorías obvias de un esquema de noticias de este tipo son, como se observa en la Figura 6, el titular y el 'lead' o entradilla.[4] En nuestra cultura periodística, prácticamente todos los discursos informativos están encabezados por un titular, el cual

---

[4] En Van Dijk (1990: 83) 'lead' ha sido traducido al español como *encabezamiento*.

tiene una forma y una posición fijas en las noticias de prensa. Nótese que, como se ha señalado anteriormente, a diferencia del titular, no siempre encontramos el párrafo correspondiente a la entradilla separado del cuerpo del texto de la noticia, por lo que Van Dijk (2015: 86) considera que esta disposición es opcional.

El titular tiene además una *función temática* consistente en expresar el tema más importante de la noticia. Por tanto, constituye una 'estructura de relevancia' que indica al lector qué información del texto es la más importante (Van Dijk (1985: 69-70). Conjuntamente, el titular y la entradilla expresan directamente las *macro-proposiciones* del discurso informativo o temas principales (Van Dijk 1985: 86 y siguientes). Juntas, pues, funcionan como un resumen para el discurso de las noticias, por lo que son agrupadas bajo la categoría de nivel superior *Resumen*. Otras categorías son, por ejemplo, los *Antecedentes* y las *citas*, que Van Dijk denomina *Reacciones verbales*. Los antecedentes aportan un contexto o unas condiciones generales, históricas, políticas o sociales de los eventos. Se recoge igualmente una categoría que podemos denominar *Acontecimiento* o *Suceso principal*, y, a menudo. Van Dijk también introduce la categoría general de *Consecuencias*, en referencia a aquellos acontecimientos que se describen como consecuencias del *Suceso Principal*, el cual puede ser recursivo (encontrarse en varias ocasiones). Frecuentemente encontramos una categoría de *Acontecimientos Previos*. Una forma distinta de ordenar los *Acontecimientos Principales* es considerarlos como una unidad coherente, por ejemplo, como un *Episodio*. En ese caso, el acontecimiento principal de un episodio puede requerir que se complete con un tema que sea causa o condición del tema del segundo acontecimiento principal de un episodio. Al final de un relato de noticias, podemos encontrar una sección de *Comentarios*, que contiene conclusiones, expectativas, especulaciones y otras informaciones sobre los acontecimientos. Al igual que otras categorías del esquema esta categoría es opcional: es decir, hay relatos de noticias que prescinden de los comentarios.

Hay varios tipos de *fondo*. Así, tenemos *Historia* como la categoría que organiza toda la información de carácter histórico general: sucesos anteriores que están indirectamente relacionados con la situación o los acontecimientos actuales. Y, por último, podemos encontrar la categoría de *Contexto* para organizar información sobre esta situación real que acabamos de mencionar, y en la que el acontecimiento principal es un elemento significativo. En lo referente al orden de estas categorías, Van Dijk (1985: 89) concluye que mientras algunas reglas son bastante estrictas y generales, otras son opcionales, clasificables como 'preferencias', pudiendo variar de una cultura a otra, de un periódico a otro, e incluso de un periodista a otro.

2. El esquema orbital de White

En los relatos de noticias duras, White (1997, véase Iedema et al 1994, White 1998, Caple 2015: 124, Thomson *et al.* 2008: 213-214) propone la existencia de un *esquema orbital* en el cual se identifican dos componentes principales: una frase inicial (titular y entradilla), su *núcleo*, y el cuerpo del texto, a continuación del núcleo. En la mayoría de los casos, el titular repite parte de la información presentada en la frase de la entradilla. Al igual que en el esquema de Van Dijk (1985), titular y entradilla componen una unidad: su núcleo (véase Figura 7). Del mismo modo, Lloyd observa que el titular y la entradilla destacan el «punto noticioso» o el «ángulo» de la noticia, el resumen los «elementos noticiosos esenciales» (Lloyd 1994, White 2000). Una desviación de este modelo nuclear que se ha observado igualmente en la prensa, según Thomson *et al.* (2008) es aquel en el que la frase de apertura, o entradilla, desempeña un papel diferente, por ejemplo, estableciendo información de fondo o proporcionando un escenario.

El núcleo destaca lo que es de interés periodístico y presenta al lector la información clave del artículo. En consecuencia, se dice que esta fase inicial ofrece un resumen de los elementos clave del reportaje, para exponer lo que es central o más *noticiable* (i. 'newsworthy') del relato periodístico.

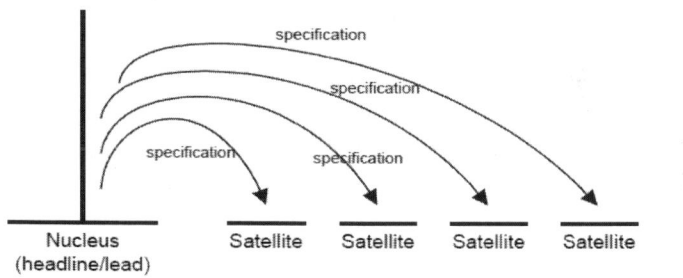

Figura 7. La estructura orbital de la noticia (Thomson *et al.* 2008: 219)

En este esquema orbital (Fig. 7), el cuerpo de la narración remite al núcleo como punto de anclaje y precisa de los significados presentados. El cuerpo del texto puede analizarse como una serie de especificaciones 'organizadas orbitalmente', como satélites, más que linealmente (White 1997: 116). Más bien, como indica White (2000), la estructura textual de la noticia se forma a medida que los subcomponentes individuales entran en relación de dependencia con la especificación, no con los elementos textuales inmediatamente precedentes o siguientes, sino con el núcleo de este sistema orbital, su centro de gravedad textual. La estructura de la noticia puede ser muy reiterativa, y repetir la misma información con diferentes grados de detalle. En cualquier caso, una alteración del orden de las especificaciones, señala Mahlberg (2009: 268-270) no repercutiría en la coherencia textual de la noticia.

V. La objetividad de la noticia

En la novela de Graham Greene, *The Quiet American* (1955), traducida al español como *El americano impasible,* su autor nos presenta la actividad política de EE. UU. en el Vietnam de principios de la década de 1950. Su personaje, Thomas Fowler, narrador y protagonista, encarna a un periodista británico que vive en Saigón en ese período, y pronuncia esta frase que traduzco al español:

> Puedes excluirme,» dije. «No estoy implicado. No lo estoy,» repetí. Había sido un artículo de mi credo. Dada la condición humana, que luchen, que amen, que asesinen, yo no me implicaba. Mis colegas periodistas se llamaban a sí mismos corresponsales; yo prefería el título de reportero. Escribía lo que veía: no actuaba — incluso una opinión es una especie de acción. (pág. 32)

Thomas Fowler describe aquí lo que comúnmente se espera de un periodista: narrar objetivamente «lo que veía», los acontecimientos, sin introducir opiniones, dado que esto implicaría posicionarse. Por otra parte, en una página electrónica dedicada a un máster de periodismo, sus fines se presentan del modo siguiente:

El periodismo tiene como objetivo poner el bien público por encima de todo y utiliza métodos específicos para reunir y evaluar información. En otras palabras, el periodismo está destinado a beneficiar a las personas, y los periodistas deben revisar de manera rutinaria su información para asegurarse de que la información sea verificada y precisa.[5]

Se incide en que la información ofrecida por el periodista es evaluada, verificada (o contrastada) y precisa. Creo que hasta este punto todos estamos de acuerdo que esto es lo que ofrece o debe ofrecer el periodista profesional que trabaja en prensa de calidad. La alusión al buen manejo de fuentes indudablemente incide en la pretendida objetividad del relato.

White (2000: 380) señala que el concepto de *objetividad* de los medios de comunicación se basa en tres principios o prácticas de construcción de la noticia: la *neutralidad*, el *equilibrio* y la *fiabilidad*. En lo referente a la *neutralidad*, el reportero debe abstenerse de expresar opiniones, emitir juicios o responder emocionalmente al material presentado. Sin embargo, analistas críticos del discurso como Wodak & Meyer (2016: 8) advierten que las ideologías dominantes se presentan como neutrales, vinculadas a supuestos que no suelen cuestionarse. En cuanto a las valoraciones subjetivas presentes en los relatos de noticias, éstas se circunscriben a los comentarios provenientes de fuentes externas mediante el recurso a la atribución.

---

[5] La traducción de la cita es propia; el texto original puede encontrarse en https://www.mastersincommunications.org/modern-journalism. Última consulta realizada el 20 de agosto de 2024.

En lo referente al principio de *equilibrio*, el reportaje debe construirse de modo que se ofrezca a los lectores más de un punto de vista o versión de los hechos, al menos en aquellos temas que se consideran polémicos. Este requisito se entiende como «derecho de réplica» y suele darse cuando se responsabiliza o se critica negativamente a un individuo, grupo o institución. Bajo la noción de *fiabilidad*, el periodista debe cerciorarse de que las fuentes utilizadas son fiables para proporcionar evaluaciones subjetivas y versiones de los hechos, dado que dichas fuentes son poseedoras de los conocimientos, la experiencia y la autoridad suficientes para realizar dichas valoraciones.

A este respecto, es útil referirse al uso de la evidencia y de las fuentes, así como al manejo de las mismas. En su estudio sobre el antisemitismo en la prensa británica, Partington (2012: 54) destaca la necesidad de distinguir entre aseveración (i. 'averral') y atribución (i. 'attribution') en las representaciones discursivas (véase Sinclair 1988, Tadros 1993). Es fundamental que el lector conozca si la opinión expresada en una noticia es afirmada directamente por el periódico o por sus periodistas, lo que indicaría una representación avalada por el medio o, por el contrario, si la opinión es atribuida a una fuente o voz externa, en cuyo caso el periódico actúa como intermediario y, en principio, no tiene la obligación de avalarla. Esta atribución, que no siempre y necesariamente adopta la forma de una cita directa en la noticia, influye en el análisis de multitud de temas de interés social y político, donde es crucial evaluar la evidencia presentada por las fuentes que sirven de soporte a las construcciones discursivas.

Para un lector que simplemente se conforme con el titular de prensa, y quizá la entradilla, será difícil obtener una versión equilibrada de puntos de vista, particularmente si alguno de ellos, especialmente relevante, ha sido relegado al cuerpo de la noticia, o sea difícil de localizar. Por ejemplo, en la Figura 8, el diario regional valenciano *Las Provincias* publicó el 5 de febrero de 2023 la siguiente noticia en portada (edición impresa). En ella aparece una foto del empresario Salvador Navarro, una indicación también en letra gruesa de su papel como personaje de la élite económica: «Salvador Navarro, presidente de la CEV», y además el titular entrecomillado: «A Sánchez le gustan poco las empresas y a algunos ministros, poco los empresarios», mostrando así que es una cita atribuible al empresario. Justo debajo, en letra menos destacada, encontramos la entradilla: «El presidente de la CEV, Salvador Navarro, critica la falta de empatía del gobierno de Pedro Sánchez hacia los empresarios y lamenta la estrategia de polarización de la sociedad, ya que eso genera incertidumbre.» El periodista hace uso de la cita indirecta atribuida de nuevo al empresario, siendo menos conciso, pero más preciso que en el titular. Es evidente que tanto el titular como la entradilla tienen un fuerte componente valorativo. A Pedro Sánchez, presidente del gobierno, se le atribuye en la entradilla, de forma indirecta y acumulativa 'falta de empatía', 'polarización', y generación de 'incertidumbre'. La edición digital, sin embargo, sólo contiene el siguiente titular:

Salvador Navarro: «A Sánchez le gustan poco las empresas y a algunos ministros, poco los empresarios».

Figura 8. Titular publicado por *Las Provincias* (5 de febrero de 2023)[6]

El acceso mediante clic nos permite acceder a esta entradilla: «El presidente de la CEV critica «los mensajes polarizados» que lanza el Gobierno central y que sólo busque fotos «para el día de mañana en los votos». El acceso al resto de la noticia solo es posible mediante suscripción. Por consiguiente, cualquier lector puede acceder a esta información en línea, pero no al cuerpo de la noticia, de modo que no logrará saber hasta qué punto la redactora responsable de la noticia habría deseado proporcionar una visión más equilibrada sobre esta noticia económica, que incluyera la postura del gobierno de España, quizá la de algún representante sindical, o bien al contrario, si habría decidido reforzar la carga de su valoración negativa. Únicamente queda reflejada y resaltada la posición de la fuente consultada (un representante de la élite empresarial), profundamente negativa y explícita. La redactora de la noticia se

---

[6] Publicación accedida en https://www.lasprovincias.es/economia/salvador-navarro-sanchez-20230203213553-nt.html

abstiene de trasladar de manera explícita al lector su opinión o evaluación personal, como es costumbre o aconsejable en el relato. Sin embargo, en este diario conservador, la opinión sobre la política del gobierno nacional de izquierdas, presidido por Pedro Sánchez durante el período del relato, se canaliza a través de la elección de un agente social perteneciente a la élite económica. No abordaremos aquí si el diario valenciano *Las Provincias* ofrece otras noticias o artículos opinativos con evaluaciones similares en torno a otros asuntos políticos, sociales o económicos en esta edición, o en días sucesivos o anteriores, pero sí se pone de manifiesto que, al menos en lo referente al núcleo de la noticia, quizá lo único que muchos lectores estén dispuestos a leer, la noticia no resulta suficientemente equilibradaFinal del formulario. Este tipo de información muy recortada, quizá superficial, es habitual en el modo de presentar noticias en redes sociales.

VI. La noticia como construcción y representación discursivas

El ejemplo de la Figura 9 no es peculiar. Los medios de comunicación, al narrar acontecimientos, según Baker *et al.* (2013: 3), no pueden ofrecer una visión imparcial, ya que sus representaciones están mediadas por el lenguaje y las imágenes, y limitadas por el espacio y el tiempo. Los periodistas priorizan ciertos eventos y perspectivas, y en estas decisiones influyen tanto la línea editorial de los periódicos como sus propias capacidades. Por su parte, White (2000) señala que la propia estructura orbital de la noticia contribuye a la impresión de objetividad. Específicamente, esta estructura orbital, junto con la impersonalización de la voz del periodista, contribuye a relegar a un segundo plano la intersubjetividad de suposiciones, evaluaciones, interpretaciones o expectativas por las cuales se moldea cada relato, presentando de este modo los valores en los que se basa como inevitables, comunes y, por lo tanto, 'naturales'.

Sin embargo, no solo los relatos de noticias, sino cualquier tipo de texto, oral o escrito es, en realidad, una *construcción* y/o *representación* discursiva. Examinemos de nuevo la objetividad a la luz de estos dos conceptos. Según Agudelo Bedoya & Estrada Arango (2013: 366 inspirándose en *La construcción social de la realidad* de Berger & Lukmann 1966), los construccionistas interpretan que los conceptos que utilizamos para nombrar tanto el mundo como la mente están integrados en prácticas discursivas, lo que significa que pueden ser socialmente refutados y están sujetos a negociación. En cuanto a la objetividad, señalan que «la realidad es construida por el observador; por tanto, no se puede hablar de una mente desapasionada u objetiva» (Agudelo Bedoya & Estrada Arango 2013: 374). La teoría del construccionismo social (véase Baker & Ellece 2011: 135) sostiene que comprendemos el mundo a través de los discursos disponibles, lo que hace que la interacción social, y especialmente la interacción lingüística, tenga un impacto significativo en la configuración de nuestras versiones de la realidad. Estudiosos críticos del discurso como Wodak & Meyer (2016) interpretan los relatos de noticias como construcciones asentadas en una *perspectiva* que, ineludiblemente, ponen de relieve el posicionamiento del hablante o escritor. En su opinión de Wodak & Meyer (2016: 16), los discursos emergen como construcciones sociales; sin embargo, tienen consecuencias 'reales' en la estructura social (por ejemplo, la discriminación de los inmigrantes).

El término *representación* se ha utilizado ampliamente también en el análisis crítico del discurso (vid Caballero Mengibar 2015), y especialmente en relación con los estudios de discursos políticos y/o mediáticos. Basándose en Hall (1997), Baker & Ellece (2011: 117) definen *representación* como la creación de una imagen mental a través del arte, el lenguaje u otros ámbitos en los que puede crearse significado. La representación incluye las prácticas de significación y los sistemas simbólicos a través de los cuales producimos significado. La *representación* subraya que, en cualquier intento de describir un evento por parte de un medio de comunicación, no existe una única forma natural o predestinada de presentarlo, y dado que nunca es posible presentar un relato de manera completamente imparcial, precisa y completa, entenderemos que todo lo que los medios ofrecen son representaciones de los eventos. Dadas las limitaciones de tiempo y espacio con que trabajan, los periodistas priorizan eventos particulares y perspectivas u opiniones de ciertas personas, sobre otras (Baker *et al.* 2013: 3; véase también Partington 2015: 220).

Fowler (1991: 10) señala que todo lo que se dice o escribe sobre el mundo se articula desde una posición ideológica. Para Fowler (1991: 208), la representación en un medio semiótico como el lenguaje es inevitablemente un proceso de estructuración; los valores y las proposiciones se articulan continuamente a medida que el discurso avanza sobre un tema, de modo que el discurso es siempre representación desde una perspectiva. Partiendo de Habermas (1971), White (2000) considera que no hay texto libre de valores, impersonal o desinteresado, y ello incluye a los relatos de noticias.

Por su parte, Fotiadou (2022: 53) indica que el lenguaje desempeña un papel vital en la representación de los acontecimientos históricos, sociales, políticos y económicos y sus efectos en el mundo. Diferentes grupos de personas construyen diferentes versiones de la 'realidad'. Según Fowler (1991: 46-7), los periodistas tienen un control limitado sobre los valores y creencias presentes en el lenguaje. Esto se debe a que trabajan para medios de comunicación que operan bajo las mismas restricciones institucionales que moldean la ideología. Como resultado, los valores preexistentes, así como las ideas concebidas en torno a temas socioculturales o políticos se perpetúan en la interacción entre el texto periodístico y el lector.

Desearía traer a colación sobre este último punto las afirmaciones del filósofo italiano Gianni Vattimo, el cual sostiene que, desde una perspectiva hermenéutica, es imposible separar los 'hechos' de sus 'interpretaciones'. Nos adherimos a las observaciones de Fowler (1991: 2) cuando afirma que las noticias son construidas socialmente. Lo que el periodista informa sobre los eventos no refleja la importancia intrínseca de esos eventos, sino el funcionamiento de un conjunto complejo y artificial de criterios de selección. A ello nos referiremos más adelante, en el Capítulo 5, cuando abordemos la noticiabilidad y los denominados *valores noticiosos* (i. 'news values') presentes en este género periodístico.

Capítulo 3
Estudios del discurso y estudios *críticos* del discurso

I. **EL DISCURSO Y EL ANÁLISIS DEL DISCURSO**

El punto de partida en los análisis discursivos exige saber qué entendemos por *discurso*. En su análisis sobre las diferentes acepciones que encontramos en la literatura, Partington et. al (2013: 2) advierten de la existencia de una variedad de enfoques e interpretaciones (véase discusión en Jaworski & Coupland 2006: 1-37, Dolón-Herrero 2008). Basándose en los estudios sociolingüísticos ofrecidos por Trudgill (1978), Hernández-Campoy (2008: 261, véase también Hernández-Campoy 2014) clasifica el *Análisis del Discurso* como aquel subgrupo de estudios sociolingüísticos cuyos intereses o fines son lingüísticos, junto a la *Sociología del Lenguaje*, la *Psicología Social del Lenguaje*, la *Antropología Lingüística* o la *Etnografía de la Comunicación*. Hernández-Campoy describe el *Análisis del Discurso* como disciplina que se ocupa del análisis lingüístico de los discursos naturales ya sean orales o escritos. Los analistas discursivos se preocuparían por la organización de la interacción conversacional, las reglas de la estructura del discurso y de su interpretación, así como de la cohesión y la coherencia textual de los textos en general (véase Halliday & Hasan 1976).

En realidad, a tenor de las investigaciones publicadas hasta la fecha, el *Análisis del Discurso* (AD) es un término general que engloba una variedad de enfoques de investigación cualitativa y cuantitativa empleados para analizar el uso del lenguaje en su contexto. Partington *et al.* (2013) agrupan estos enfoques en al menos tres categorías: (1) los enfoques estructurales, (2) los enfoques que distinguen entre lengua hablada y escrita y (3) los enfoques funcionales. En la primera categoría se sitúan aquellos estudios que describen el discurso como componente lingüístico situado por encima del nivel de oracional (véase Thornborrow & Wearing 1998: 240, Martin & Rose 2003: 1). Este enfoque estructural (vid Bell 1991: 161, Carter *et al.* 1997: 318) se interesa por los mecanismos organizativos que actúan en el lenguaje por encima del nivel de la oración, mediante convenciones y reglas subyacentes al uso lingüístico en extensiones textuales más amplias. El segundo grupo de enfoques interpreta el discurso como equivalente al discurso oral, centrándose en la interacción comunicativa entre hablantes. En esta interpretación el *discurso (oral)* se distingue del *texto*, término reservado para referirse al texto escrito.

Por último, el enfoque funcional, al que prestaremos mayor atención, entiende el discurso como lenguaje en uso (Brown & Yule 1983: 1) o, si se prefiere, lenguaje en contexto. El investigador interesado en el enfoque funcional del discurso no se contenta con describir formas lingüísticas independientemente de los fines o funciones para los cuales han sido utilizadas. Según sus proponentes, no podemos interpretar el discurso fuera del contexto comunicativo: toda comunicación humana mediante el lenguaje se constituye en discurso; en él intervienen emisores, que producen lenguaje, y receptores de dichos mensajes. Estos discursos tienen una función o propósito concretos. Analizar el discurso desde este enfoque funcional, consistiría, por tanto, en un estudio sistemático que permita identificar patrones textuales y vincularlos con patrones de su contexto, y viceversa. Esta sería básicamente la perspectiva adoptada por Partington *et al.* (2013: 5) cuando define el *Análisis del Discurso* (AD) como el estudio del uso de la lengua que busca influir en las creencias y actuaciones de otras personas.

II. Los estudios críticos del discurso (ECD)

Una importante subcategoría de esta vertiente funcional mencionada por Partington la constituyen los *Estudios Críticos del Discurso* (ECD), cuyas investigaciones no se contentan con el análisis de unidades discursivas *per se*, sino que pretenden estudiar, comprender y explicar fenómenos sociales que son necesariamente complejos (van Dijk 2013, Wodak & Meyer 2016: 2). Fairclough & Wodak (1997, véase Van Dijk 2015: 467) mencionan los siguientes principios suscritos por el conjunto de investigadores de los *Estudios Críticos del Discurso*:

1. Un interés en problemas sociales
2. Las relaciones de poder son discursivas
3. El discurso constituye la sociedad y la cultura
4. El discurso realiza un trabajo ideológico
5. El discurso es histórico
6. El vínculo entre el texto y la sociedad está mediado
7. El análisis del discurso es interpretativo y explicativo
8. El discurso es una forma de acción social

Examinemos algunas diferencias relevantes de planteamiento presentadas por este enfoque frente a otros. Mientras los analistas del discurso se interesan fundamentalmente por la estructura discursiva y sus implicaciones comunicativas, la aproximación en ECD se denomina *crítica* porque implica exponer y desafiar suposiciones aceptadas sobre el lenguaje y lo social, así como reconocer que el discurso es un agente de cambio social sumamente poderoso. Son numerosos los estudios de esta corriente que se refieren a esta aproximación *crítica* del discurso. Como indica Van Dijk (2004: 8), en las corrientes de ECD, la investigación de la reproducción discursiva del poder y del abuso de poder necesita de un análisis detallado de las relaciones entre texto y contexto (véase también Baker *et al.* 2013: 20). Para Van Dijk (2010: 179), los textos pueden ser objeto de investigación crítica cuando contribuyen, de manera directa o indirecta, a la reproducción de la dominación ilegítima en la sociedad, como es el caso, por ejemplo, de los discursos racistas o sexistas o de la manipulación política o corporativa. Por su parte, Fairclough (2013: 8, véase también Mautner 2016a: 157) señala que una perspectiva crítica en la investigación tiene como objetivo interpretar y explicar áreas sociales, así como identificar las causas de las injusticias sociales y producir conocimiento que contribuiría (en las condiciones adecuadas) a corregirlas o mitigarlas.

El vocablo *discursos* en plural ha sido usado en muchas ocasiones por los investigadores. Esta utilización se encuentra muy extendida entre los estudiosos críticos del discurso interesados en relacionar el estudio pormenorizado del lenguaje con el contexto social. Para Fairclough (2003: 206) los *discursos* configuran diversas representaciones de la vida social, dado que los individuos, en calidad de actores sociales, al estar posicionados de manera distinta, representan de manera distinta la vida social. Consecuentemente, los *discursos* que generan son distintos. Como ejemplo de esta acepción, pensemos en los discursos en torno a los inmigrantes, los cuales son representados de manera diferente por los medios de comunicación, o los partidos políticos de derechas o izquierdas (véase Fotiadou 2022: 51, Mautner 2016b: 21).

Dado que el ECD tiene como propósito analizar, comprender y explicar fenómenos sociales que son complejos, los enfoques que se requieren son multidisciplinares (Wodak 2016: 2, Van Dijk 2013, Talbot 2007: 3, Weiss & Wodak 2003). Debe ser subrayado que el Estudio Crítico del Discurso no propone la aplicación de un método concreto y, de hecho, puede abordarse desde diferentes disciplinas (Wodak & Meyer 2016;, Titscher *et al.* 2000), de ahí la conveniencia de sustituir «Análisis» y adoptar en su lugar «Estudio» en el *Estudio Crítico del Discurso* (ECD) (Van Dijk 2013:176; Van Dijk 2015: 466). Van Dijk (2004: 8) señala que los investigadores en ECD pueden valerse de cualquier teoría o método lingüísticos, de análisis discursivo, o de las ciencias sociales siempre y cuando éstos contribuyan a un análisis crítico.

Avancemos que los ECD pueden interesarse tanto por aspectos lingüísticos ,como paralingüísticos, o extralingüísticos, presentes en la interacción y la comunicación verbal, tales como los gestos, las imágenes, y otros aspectos multimodales. Por ejemplo, pensemos que estos aspectos multimodales son particularmente importantes en el estudio crítico de los discursos digitales (véanse, Bou-Franch & García-Conejos 2019, Bou-Franch 2021).

Precisamente por esta razón, entre otras, tampoco puede atribuírsele una metodología específica, por lo que podemos encontrar una variedad de enfoques metodológicos entre sus analistas, tales como los enfoques retóricos, el análisis crítico discursivo, los etnográficos, los sociolingüísticos, o diferentes versiones de enfoques pragmáticos, entre otros. Además, podemos encontrar combinaciones metodológicas entre los enfoques anteriormente mencionados. Concretamente, en los ECD (véase Wodak & Meyer 2016: 18) existen enfoques con perfiles más deductivos, tales como el enfoque dialéctico relacional de Norman Fairclough, o el enfoque sociocognitivo de Teun van Dijk, pero también otros que confían más en análisis inductivos, como sería el caso del enfoque discursivo-histórico de Ruth Wodak & Martin Reisigl, o la aproximación a la acción social y actores sociales de Theo van Leeuwen.

Los enfoques de *Estudios Discursivos Apoyados en Corpus* (EDAC), que incluye una aproximación crítica y se describe en el Capítulo 4, junto con el *Análisis Discursivo de Valores Noticiosos* (ADVN), propuesto por Monika Bednarek & Helen Caple, detallado en el Capítulo 6, suelen requerir la combinación de ambas perspectivas. Según explican Wodak & Meyer, todos los enfoques, en un continuo, proceden de modo dinámico y flexible de manera abductiva, es decir, oscilan entre la teoría y el análisis de datos de acuerdo con las prioridades temáticas. Consideraremos que aquellos enfoques sobre el discurso periodístico que abordan cuestiones socialmente comprometidas de relaciones de poder y prácticas sociales pueden ser ubicados dentro del marco del enfoque crítico-discursivo del discurso mediático.

Tratándose de investigaciones socialmente comprometidas, los investigadores adoptan una posición explícita y, en consecuencia, su intención manifiesta es comprender, exponer y, en última instancia, cuestionar las desigualdades sociales. Esta es también la razón por la que el ECD se ha caracterizado por ser un movimiento social que nació a principios de los 90 contando con analistas social y políticamente implicados. Véanse, por ejemplo, los estudios de Fairclough 1995, Caldas-Coulthard & Coulthard 1996, Toolan 2002, Weiss & Wodak 2003, Wodak & Chilton 2005, Van Dijk 2008b, Van Leeuwen 2008, Wodak & Meyer 2009 (mencionados por Lischinsky 2018). Según Fairclough (2018: 13), este activismo reconoce que la crítica académica, por sí sola, es insuficiente para transformar la realidad; sin embargo, la profundización en la comprensión de la realidad existente y sus problemas es necesaria, e indudablemente puede contribuir al cambio social y político.

Cada investigador de esta corriente crítica del discurso ha propuesto enfoques o estrategias particulares. Su inspiración se halla en una diversidad de corrientes de estudios lingüísticos, sociales, políticos y filosóficos (Wodak & Meyer 2016:18, Vaara 2010). Los antecedentes pueden encontrarse en la corriente de *lingüística crítica* iniciada por Fowler, Hodge, Kress & Trew (1979). Entre los movimientos que han servido de inspiración debe mencionarse, entre otros, el marxismo de la

Teoría Crítica de la Escuela de Frankfurt, particularmente los estudios del filósofo y sociólogo Jürgen Habermas, el análisis del discurso postestructuralista de Michel Foucault, las publicaciones del polifacético escritor italiano Antonio Gramsci, o del sociólogo francés Pierre Bourdieu, entre otros (consúltese, por ejemplo, Hart & Lukeš 2007: ix, Baker *et al.* 2013: 20).

Cabe señalar que los ECD no se restringen a estas corrientes teóricas, sino que han ido incorporando diversas perspectivas y enfoques. Partiendo de los estudios tradicionales del lenguaje, han evolucionado para incluir la necesidad de analizar el lenguaje dentro de un contexto social y político más amplio. Por lo tanto, mientras que la Teoría Crítica y el análisis del discurso postestructuralista son influencias fundamentales en su desarrollo, existen antecedentes y perspectivas adicionales que también han contribuido al desarrollo de los ECD. Algunos investigadores asociados con las corrientes teóricas adicionales que han influido en el desarrollo del Análisis Crítico del Discurso (ACD) son sociolingüistas críticos como Basil Bernstein, Deborah Cameron, Penelope Eckert, o lingüistas como Michael Halliday, Ruqaiya Hasan, entre otros.

Dado que su enfoque es interdisciplinar no es difícil de entender que haya incorporado diversas perspectivas teóricas y metodológicas que van más allá de las mencionadas aquí. Resulta también difícil dar con un listado completo de temas de interés; sin embargo, han recibido atención cuestiones sociales como la pobreza y desigualdades, la discriminación, la inmigración, la segregación, el racismo, la homofobia, los abusos, etc. En definitiva, cualquier fenómeno social que implique la vulneración de los derechos humanos en cualquier contexto sociopolítico y cultural, en cualquier región del mundo, puede ser objeto de la investigación en ECD (véase Van Dijk 2015: 468, Wodak & Meyer 2016: 3).

Una vertiente dentro del Análisis Crítico del Discurso (ACD) es la de los Estudios Críticos del Discurso con perspectiva feminista. Según Lazar (2007), el feminismo crítico discursivo se interesa por analizar cómo las ideologías de género, que refuerzan las asimetrías de poder, se naturalizan en determinadas comunidades y contextos discursivos, y cómo pueden ser cuestionadas. Este enfoque implica la aplicación de ECD para analizar tanto las formas explícitas de sexismo como sus manifestaciones más sutiles, con el objetivo de desenmascarar y confrontar los discursos que perpetúan los órdenes sociales de género, limitando así el progreso social de individuos y grupos. Entre los principales temas de investigación se encuentran la dicotomía de género en las esferas pública y privada, el androcentrismo en las estructuras organizativas, o las «nuevas» ideologías de género postfeministas (Lazar 2017: 375, véase también Wodak 1998, Holmes & Meyerhoff 2003). La representación de la Violencia de Género (VdG) constituye un tema central en los estudios feministas críticos del discurso. Cómo se construye esta clase de violencia en el discurso de las noticias de prensa centrará nuestro interés en el Capítulo 6.

Dar cuenta de los diferentes enfoques en los *Estudios Críticos del Discurso* resulta bastante extenso y complejo, y su tratamiento exhaustivo no forma parte de esta monografía. Sin embargo, remito al lector interesado a consultar las ediciones recientes de Flowerdew & Richardson (2018) y de Wodak & Meyer (2016), los cuales describen desarrollos clásicos y más actuales de este movimiento crítico.

III. Estudios críticos del discurso de los medios

Hoy en día, la investigación sobre los medios ocupa un lugar central en ECD, si bien fue introducido por primera vez en los estudios críticos de comunicación (Van Dijk 2015: 477). Hemos indicado anteriormente que los ECD se interesan por aquellos discursos en torno a la vulneración de cualquiera de los derechos humanos; particularmente mediante los discursos institucionales (véase Agar 1985). Ese es precisamente el valor social y político que caracteriza al discurso de los medios de comunicación, ya que sus propuestas plantean una situación comunicativa asimétrica, desigual, en el que los emisores representan al poder frente a los lectores, como simples receptores. Van Dijk (1993) sostiene que la mayoría de la población es receptora pasiva de los discursos mediáticos, dichos medios pueden influir en sus creencias y acciones.

En el capítulo anterior hemos señalado que una noción clave en los estudios de medios y en la literatura de formación periodística sobre los relatos de noticias duras es la idea de que sus discursos no son neutrales, no se limitan a informar sobre los hechos (Thomson *et al.* 2008: 212). Sin embargo, para van Dijk (2015: 471) es crucial analizar quién ejerce el control sobre los temas propuestos para estos relatos, o los cambios de tema. Los editores son responsables de decidir qué temas serán cubiertos en los medios y, por tanto, qué será noticia (Gans 1979, Lindegren-Lerman 1983, van Dijk 1988a, 1988b, 2015). Los teóricos de los medios suelen considerar que la información periodística está cargada de valores y, en última instancia, es ideológica; constituye una fuerza social que típicamente actúa para favorecer los intereses de diversas élites económicas y políticas (White 2000: 379)

El análisis del poder y la ideología son dos argumentos que guían los planteamientos de ECD, su importancia radica en su capacidad de dominación y control de la comunicación pública y a ellos debemos referirnos en relación con la prensa. Es preciso aclarar que los ECD no están en contra del poder *per se*, sino en contra de los abusos de poder. De hecho, una vertiente de los ECD, denominada ECD positiva, se centra en destacar lo que los textos 'hacen bien' (Martin & Rose 2003, Martin 2004). A este respecto, con relación a la aproximación crítico-discursiva de prensa centrada en la Violencia de Género, el grupo NEWSGEN de la Universitat de València se interesa por conocer qué periódicos tienen voluntad de informar adecuadamente, con perspectiva de género, siguiendo unos criterios éticos. Al respecto, puede decirse que algunos diarios informan mejor que otros. Por consiguiente, el interés del grupo

NEWSGEN es conocer el uso lingüístico apropiado o inapropiado en este tema de gran transcendencia social (vid, por ejemplo, Maruenda-Bataller 2021, Santaemilia 2021, Fuster-Márquez 2022, Gregori-Signes 2022). La tarea no es simple, dado que, como señalan Thompson & Hunston (2000: 8, véase también Wodak & Meyer 2016), las ideologías no son invisibles, pero tampoco suelen expresarse abiertamente, de ahí las dificultades de su análisis. Se construyen y se transmiten a través de los textos, y es en ellos donde se revela su naturaleza.

Los periodistas ejercen control sobre el discurso mediático. Aquellos que poseen mayor control sobre una variedad de géneros discursivos más influyentes y sobre diversas propiedades del discurso son, por definición, más poderosos (van Dijk 1998, 2008). Fowler (1991: 10-11) señala que los periódicos informan de manera distinta porque las instituciones que producen y presentan las noticias se enmarcan en un contexto social específico, lo cual implica que el significado y la interpretación de los discursos que producen no pueden separarse del contexto social, cultural, histórico y situacional en el que ocurren. Por todo ello, las noticias que se publican se presentan desde un ángulo particular. La estructura del medio codifica significados que reflejan las posiciones sociales de las organizaciones editoras o emisoras. Como señala Fowler (1991), el lenguaje no es una ventana transparente, sino un medio que moldea y estructura la realidad. Como indicamos en el Capítulo 2, todo lo que se dice o escribe sobre el mundo está articulado, o ha sido construido, desde una posición ideológica particular.

Los analistas discursivos reconocen, como indica Partington (2015: 221), que los medios de comunicación mantienen la distinción tradicional entre informar y comentar u opinar, considerando el primero como objetivo e imparcial, y el segundo como abiertamente evaluativo o incluso crítico (véase capítulo 1). Sin embargo, Baker *et al.* (2013) subrayan que, incluso los responsables de las noticias de prensa, a los cuales se les exige objetividad y neutralidad, son selectivos a diferentes niveles. Por ejemplo, tienen que decidir, entre otras cuestiones, dónde comenzar y terminar el relato de los eventos, que actor social conviene entrevistar, si deben mencionar o no implicaciones más amplias cuando se introduce un actor social en calidad de individuo o como representante de un grupo.

Es insostenible afirmar que la prensa, incluida la noticia, pueda ser neutral o esté libre de ideología. Subrayemos que los investigadores de ECD, consideran los discursos como ineludiblemente ideológicos. Fairclough (1989) y Van Dijk (1998) subrayan que la ideología está presente en el lenguaje y forma parte de las representaciones sociales. Vaara (2010) afirma que este enfoque se aleja de la noción marxista de «falsa conciencia» y se alinea más con perspectivas postestructuralistas y culturalistas, destacando la existencia de ideologías alternativas mediadas por discursos específicos. Es más, el papel de los investigadores críticos consiste precisamente en revelar estas ideologías subyacentes presentes en los discursos mediáticos.

Por último, no conviene sobredimensionar las diferencias existentes entre las investigaciones realizadas por aquellos que se denominan analistas del discurso y aquellas realizadas por los estudiosos *críticos* del discurso. Según Partington *et al.* (2013: 340) es posible conjeturar que las investigaciones de ECD puedan ser sesgadas al apoyar apriorísticamente una perspectiva ideológica, e ignorar, aunque sea accidentalmente, la contraria, imponiendo una perspectiva ideológica particular y rechazando la contraria.

A nuestro entender, ambas corrientes de estudios discursivos se enriquecen mutuamente, tal y como se constata en las fuentes utilizadas y sus propios análisis. En muchas ocasiones es difícil apreciar las diferencias entre enfoques muy semejantes en lo referente al análisis lingüístico ya que, en numerosos estudios, ambos enfoques suelen basarse en la gramática funcional de Halliday, la transitividad, la pragmática (teoría de actos de habla, las máximas de Grice, etc.), la teoría de la cortesía, o la teoría de la evaluación.

No obstante, las diferencias de matiz sí resultan importantes entre ambas corrientes, y deben subrayarse. En su investigación crítica sobre los discursos periodísticos en la prensa inglesa en torno al Brexit, Javadinejad (2023) reflexiona sobre algunas cuestiones que no conviene olvidar en las investigaciones lingüística sobre el discurso de los medios. Es lícito y conveniente apostar, indica este autor, por planteamientos críticos que conecten los textos con la realidad social de los individuos, fundamentalmente porque suele haber una visión monolítica del papel de los medios en la representación y reproducción ideológicas que descuidan la diversidad de planteamientos presentes en los medios. Para ello es preciso que los investigadores críticos del discurso vayan más allá de las meras descripciones ancladas estrictamente en la pura descripción lingüística de los textos mediáticos.

IV. Fuentes, actores sociales y atribución en la noticia de prensa

La presencia de *actores sociales*, principalmente las élites, en el contexto del Análisis Crítico del Discurso (ACD) es crucial para entender cómo se construye y se comunica el poder, la ideología y las relaciones sociales en los textos. Los actores sociales son los individuos o grupos que son representados en el discurso, y cómo se presentan, omiten o enfatizan en la noticia puede influir significativamente en la percepción pública y en la construcción de la realidad social.

En el análisis discursivo de la prensa, destacan ciertos aspectos de interés, tales como el manejo de fuentes, la evidencialidad, la selección de actores sociales, y la evaluación. La atribución de opiniones a actores sociales específicos, fundamentalmente de las élites, la representación o exclusión de determinadas voces, así como los objetivos detrás de estas decisiones, están intrínsecamente ligados al control de la evidencialidad informativa y a la evaluación crítica de los contenidos. La *Teoría de la Valoración* (i. 'Evaluation Theory') de Martin & White (2005, véase también Kaplan 2004), constituye un referente de análisis ampliamente utilizado por lingüistas en el análisis discursivo para examinar los aspectos evaluativos presentes en el lenguaje de los textos.

Como señalan Partington *et al.* (2013: 45), la asignación de responsabilidad, elogio o censura es, muy a menudo, el propósito de muchas narrativas e, indudablemente, la prensa contribuye a estas valoraciones. En el caso de la prensa y la noticia podemos distinguir entre dos categorías de voces en el manejo de la información, evaluación y procedencia, aquella afirmada por el autor/hablante como propia (i. 'averral'), y aquellas voces o fuentes externas a las que el autor/hablante asigna informaciones o valoraciones (i. 'attribution') (véase Sinclair 1988, Tadros 1993). En el caso de la noticia de prensa, por un lado, encontramos la voz del emisor, el periodista, que realiza aseveraciones (i. 'averral'), haciéndose responsable de afirmar o negar algo, sin especificar quién hizo qué, o en qué contexto se dijo o hizo. Es decir, es la expresión de una proposición por parte del periodista, el cual asume la responsabilidad por su contenido sin atribuirla a ninguna otra fuente. Por el otro, encontramos la atribución (i. 'attribution') que, como su nombre indica, consiste en atribuir una acción, evento o proposición a un agente distinto del periodista en un contexto particular.

En ambos casos, podemos distinguir varios subtipos. Por ejemplo, las aseveraciones del periodista pueden referirse a los hechos, y se utilizan para afirmar que se consideran objetivos y demostrables empíricamente. Como se indicó en el capítulo anterior, el periodista de noticias se abstiene de pronunciarse abiertamente, de emitir juicios explícitos. El periodista también puede formular hipótesis o hacer conjeturas. Sin embargo, en las noticias de prensa lo habitual es que el periodista recurra a otras fuentes de información, a otros actores, normalmente representantes de las élites, para ello. Puede hacerlo con objeto de señalar la fuente externa con el fin de atribuir autoridad o credibilidad a la noticia o la cita, para atribuirle un conocimiento específico o, por el contrario, ignorancia sobre la cuestión. De manera habitual estas fuentes externas se utilizan con la intención de atribuirle una evaluación positiva o negativa.

Según Bednarek (2006), los textos periodísticos son una fuente particularmente útil para examinar la evidencialidad y el posicionamiento epistemológico, dado que el género de la noticia está particularmente centrado en el conocimiento. En su exploración de las noticias en prensa inglesa, Bednarek resalta la complejidad que supone el análisis del posicionamiento epistemológico, es decir, la expresión de valoraciones relacionadas con el conocimiento, dado que a menudo se superponen con la evidencialidad, es decir, la indicación lingüística del origen del conocimiento del emisor (véase también Bednarek 2016).

Por consiguiente, los periodistas habitualmente recurren a la presentación de diferentes voces, la propia y las de otros actores sociales en un texto en apariencia monoglósico como es el relato de la noticia. Para Bakhtin (1935 [1981]), los textos dialógicos no tienen una única verdad impuesta por el autor, sino que admite la presencia de diferentes voces. Bakhtin argumenta que cualquier lenguaje es inherentemente heteroglósico porque está compuesto de diferentes voces sociales y define la *heteroglosia* como la coexistencia de diversas voces, estilos y perspectivas en el discurso. Este concepto es fundamental en el análisis textual de las noticias de prensa, dado que subraya que los discursos, lejos de ser monoglósicos, integran una variedad de voces que expresan distintas perspectivas o posiciones sociales e ideológicas. Hunston (2010: 18-19) se refiere igualmente a la complejidad de otras voces presente en los textos como «superposición» o «incrustación». Esta presencia heteroglósica en los textos pone de manifiesto que el significado se negocia a través de la interacción entre las voces convocadas.

La evaluación en la comunicación, según Partington *et al.* (2013: 46), puede ser explícita o implícita, aprovechando sistemas de valores compartidos para influir en la percepción de lo bueno o malo en función del logro de objetivos (véase Thompson & Hunston 2000). La valoración tiene una función primordialmente persuasiva (vid Fuentes-Rodríguez 2019). Además de expresar pertenencia a un grupo y reforzar lazos sociales al demostrar que se comparten los mismos valores, la valoración tiene un poder persuasivo dado que puede manipular el comportamiento de otros, imponiendo de manera sutil o directa un sistema de valores. Como indican Partington *et al.* (2013: 54), en un análisis discursivo es importante determinar quién es proyectado por un autor como evaluador. Goffman (1981) se refiere al mismo como «principal», y Levinson (1988) como «responsable» o «motivador» de la valoración (cf. Halliday & Matthiessen 2014: 529) En última instancia, y haciéndonos eco de las palabras de Partington *et al.* (2013) el redactor de la noticia (y el medio) es el responsable principal de las voces textuales, ya sean apreciaciones conscientes y explícitas, expresadas por el periodista, o citas directas e indirectas que provienen de otros actores sociales. Todas estas voces han sido deliberadamente escogidas por el propio periodista.

Desde la perspectiva de ECD, el manejo de la evidencia por parte del periodista, la selección de actores sociales y la atribución mediante citas no constituyen actos neutrales, al contrario, forman parte de una práctica discursiva con profundas implicaciones en la formación de la opinión pública, la legitimación del poder y la perpetuación o el cuestionamiento de ideologías. Examinar cómo se manejan estos elementos en los relatos noticiosos es fundamental para comprender la dinámica del poder en la comunicación mediática.

Capítulo 4
La lingüística de corpus
y el estudio discursivo asistido por corpus (*EDAC*)

I. La Lingüística de Corpus

La lingüística de corpus (LC) puede ser definida como un enfoque de investigación empírica fundamentado en el análisis de grandes colecciones de texto en formato electrónico denominado *corpus*. Según Bednarek (2019: 164, vid también Stefanowitsch 2020), la investigación en LC suele centrarse en el uso de la lengua a fin de dar con aquello que es típico, es decir, descubrir patrones que se repiten en los textos. Esta búsqueda de patrones es habitual y necesaria en las investigaciones lingüísticas cuando los estudiosos desean generalizar sobre el uso de la lengua. Empíricamente, observamos un conjunto de datos con la esperanza de descubrir aquello que se repite en distintos conjuntos de datos, porque dicha recurrencia es además portadora de significados. La LC habitualmente combina el análisis cuantitativo con el cualitativo (Partington 2009: 279).

La mayoría de los análisis lingüísticos con corpus informatizados se basan en una filosofía metodológica que es *estadística*. Se basa en los conceptos de frecuencia (un factor de *observación* pasada) y probabilidad (un factor de *predictibilidad* futura). En otras palabras, si algo sucede con frecuencia en un idioma, entonces es significativo. Es significativo precisamente porque esta *regularidad* que representa la frecuencia puede ser usada como base para predecir cómo se comportarán otras partes del lenguaje aún no analizadas, y, finalmente, para describir cómo se consñ truyen partes más grandes de los textos objeto de análisis (Partington *et al.* 2013: 8).

En sus principios, la LC ha tendido a privilegiar el enfoque cuantitativo con el objetivo de obtener una perspectiva de la lengua más realista. Por ello, gran parte de los primeros trabajos de corpus se caracterizaron por la compilación de corpus, a menudo de gran dimensión, de tipos de discurso heterogéneos con el deseo de obtener una visión general de la mayor cantidad y variedad discursiva posibles.

Según Partington *et al.* (2013: 12), el interés de estos lingüistas era la búsqueda de una quimérica pero útil ficción del 'lenguaje general' (véase también Partington 2008). Esto llevó a la construcción de herramientas de investigación valiosas para la lengua inglesa como el *Bank of English* y el *British National Corpus*, que contenían miles de textos y millones de palabras. Hoy en día, los investigadores cuentan con corpus generales muchísimo más grandes, de billones de palabras, y en multitud de lenguas, como los puestos a disposición del investigador por *Sketch Engine* (https://www.sketchengine.eu/), o *English Corpora* (https://www.english-corpora.org), o los grandes corpus del español CORDE, CREA y CORPES XXI del sitio oficial de RAE, para uso de investigadores y curiosos (https://www.rae.es/banco-de-datos).

El objetivo de LC siempre ha consistido en obtener información sobre los usos lingüísticos de textos que proceden de contextos naturales, reales o auténticos (véase discusión en Fuster-Márquez & Clavel-Arroitia 2010). Desde sus inicios en los 60 del siglo pasado, con la publicación del *Brown Corpus* por Henry Kučera & W. Nelson Francis en la Universidad de Brown en los EE. UU. en 1961 (Baker 2009), la LC se ha utilizado para investigar patrones lingüísticos, tendencias y variaciones lingüísticas. Sus resultados se han recogido en gramáticas y se han utilizado en la compilación lexicográfica, particularmente en la producción de diccionarios de aprendices. Grandes grupos editoriales, tales como *Cambridge*, *Longman*, *Oxford*, *Collins* o *Macmillan* son exponentes de este uso en la compilación de corpus de uso real de la lengua. Es más, muchos de estos grupos editoriales siguen desarrollando y actualizando corpus propios para estos propósitos y cuyo acceso a los investigadores es restringido.

La LC sigue siendo un área dinámica y en expansión en todo el mundo, y sus técnicas y enfoques de análisis están siendo adoptados en multitud de campos de investigación. A este respecto, Gries (2009) afirma que la LC es una de las metodologías de mayor crecimiento en la lingüística contemporánea (véase también Fuster *et al.* (2021: 7).[1] Indudablemente, desde su enfoque empírico la LC ha enriquecido los estudios sobre prácticamente cualquier área lingüística. Desde la lingüística aplicada, por ejemplo, se ha utilizado la LC en los estudios de interlengua y adquisición de segundas lenguas, la lingüística forense, así como estudios de políticas sociales, la antropología, o la traducción, entre otros. Por supuesto, sin olvidar que desde algunas décadas contamos con numerosos investigadores que utilizan la LC en sus estudios discursivos, mediante aproximaciones tales como los *Estudios del Discurso apoyados en Corpus* (EDAC). Es imposible dar cuenta de la investigación que se ha realizado en estas décadas teniendo como referencia la LC. Sin embargo, remitimos al lector

---

[1] La organización internacional ICAME (https://icame.info/) y la española AELINCO (http://www.aelinco.es/es) evidencian el crecimiento y diversidad de enfoques de la LC.

interesado en la LC en el ámbito del español a consultar la publicación reciente de *Lingüística de corpus en español* (2022) editada por Cantos, Parodi & Howe.

La eficiencia de la LC gracias al uso de herramientas informáticas permite analizar grandes cantidades de texto en un muy breve período de tiempo; la *objetividad* que se obtiene gracias al empleo de métodos de estadísticos reduce la *subjetividad* del investigador, y sus resultados pueden ser *replicados* por parte de otros investigadores.

Los corpus han sido estudiados para arrojar luz sobre el uso de elementos léxicos individuales, frases típicas de un tipo de discurso, la cohesión textual, el estilo del autor, el significado figurativo, el significado valorativo, las ideologías sociales, políticas, culturales y religiosas expresadas en el texto, y mucho más. Esto significa que los temas objeto de estudio son mucho más amplios que en cualquier otra área de estudio textual (Partington *et al.* 2013: 6). De hecho, la LC ha tenido y está teniendo un papel muy relevante en todas estas áreas.

II. APROXIMACIONES INDUCTIVAS Y DEDUCTIVAS EN LA INVESTIGACIÓN CON CORPUS

Baker *et al.* (2013: 25) señala que los lingüistas de corpus emplean programas informáticos que realizan cálculos complejos sobre un corpus de manera rápida y precisa, utilizando datos de frecuencia y, en ocasiones, pruebas estadísticas. Estos cálculos suelen presentarse de forma que faciliten la identificación de patrones lingüísticos por parte de los humanos. Sin embargo, como señala Stubbs (2005: 6), cierto grado de subjetividad en el análisis resulta inevitable.

Durante algún tiempo se ha generado cierta controversia en torno a dos posiciones divergentes entre aquellos practicantes de la LC que optaban por (1) la lingüística basada en corpus (i. 'corpus-based'), cuyas ideas o teorías preceden a la búsqueda en corpus, y los que preferían (2) la lingüística impulsada o derivada del corpus (i. 'corpus-driven'), en los que las ideas o teorías se extraen directamente de los datos (vid discusión en Fuster-Márquez & Clavel-Arroitia 2010).

Para Teubert (2004: 112), los hallazgos lingüísticos (incluyendo los contenidos de los diccionarios) estarían basados en corpus si todo lo que se dice es validado por ejemplos extraídos del corpus. Sin embargo, los hallazgos son impulsados por corpus ('corpus-driven') si se extraen de los corpus, utilizando el método de la lingüística de corpus, luego procesados intelectualmente y convertidos en resultados. La recomendación de preferir una aproximación *corpus-driven* tiene su origen en las recomendaciones de Francis (1993) y Tognini-Bonelli (2001), los cuales rechazan métodos «basados en corpus» (corpus-based). Las diferencias básicas entre ellos se pueden resumir de la siguiente manera (vid Gries 2010, Teubert 2004, Partington *et al.* 2013: 7):

Para los lingüistas que abogan por una orientación 'corpus-driven':

1. La Lingüística de Corpus es un enfoque;
2. El significado debe ser negociado y se encuentra en el discurso (detectable en los corpus);
3. La teoría se basa exclusivamente en datos de corpus, y se analizan de abajo hacia arriba (i. 'bottom-up');
4. se rechaza una taxonomía externa anotación del corpus: el análisis del discurso debe proporcionar directamente las categorías y clasificaciones.

Para los lingüistas que abogan por una orientación basada en corpus (i. 'corpus-based):

1. La LC es una metodología;
2. el significado se encuentra primero en la mente del hablante;
3. los datos de corpus se utilizan para probar y/o mejorar teorías previas. El procedimiento es «de arriba hacia abajo» (i. 'top-down');
4. una taxonomía externa de anotación de corpus proporciona las categorías y clasificaciones.

En otras palabras, el lingüista de corpus se ve obligado a escoger en sus análisis entre una aproximación inductiva (i. 'corpus driven') y otra deductiva (i. 'corpus based'). A este respecto, Stubbs (2016: 131) señala que la inducción pura no existe; los lingüistas siempre abordan los datos con ideas previas de lo que podría ser interesante indagar (véase discusión más amplia en Partington 2009: 279, Stefanowich 2020).

En una entrevista publicada en el Boletín 6 de la Asociación Española de Lingüística de Corpus (AELINCO), el lingüista de corpus McEnery (2020: 6, también Marchi 2018: 193) se pronuncia sobre esa falsa dicotomía entre las aproximaciones inductivas y deductivas, apoyándose en las observaciones de Karl Popper, el cual subraya la imposibilidad de hacer ciencia sin conjetura. Del mismo modo, para McEnery la ciencia comienza con una conjetura. Y las conjeturas son esencialmente introspectivas. El lingüista parte de unas hipótesis o preguntas de investigación que le gustaría explorar, por lo que la idea de que los datos se describen a sí mismos sería una especie de ilusión (véase también Taylor 2018: 22). Stubbs (2016: 131) suscribe las afirmaciones de Hunston (2010) al considerar deseable, y probablemente inevitable, recurrir ambos enfoques. Ello implica además considerar que la LC es ante todo una útil metodología empírica en la investigación del lenguaje.

III. El estudio del discurso asistido por corpus (EDAC)

¿Qué nos aporta la aplicación de la lingüística de corpus al análisis discursivo? La respuesta es que LC ocupa un nicho metodológico que el análisis más puramente cualitativo no puede ocupar en la búsqueda patrones discursivos. Sinclair (2004: 185) ya señalaba que, en efecto, no tendría mucho sentido aplicar técnicas de corpus para encontrar significados que pudieran identificarse fácilmente con métodos tradicionales de análisis discursivo. Por ejemplo, según Partington *et al.* (2013: 11), los analistas del discurso no necesitan recurrir a un corpus de páginas web sobre viajes para saber que los topónimos estarán en la lista de palabras de dichos textos. Tampoco tenemos necesidad de un corpus para descubrir que los nombres de los personajes aparecerán con frecuencia en una novela o que el pasado será normalmente el tiempo narrativo preferido en este tipo de textos. Como indica Stubbs (basándose en Gellner [1959] 1996: 92), el objetivo del análisis discursivo con el empleo de técnicas de LC consiste en descubrir o desentrañar (i. 'uncover') en el tipo de discurso que se estudia, lo que podríamos llamar un significado *no obvio*, es decir, aquel que no es posible identificar con una lectura superficial. Es más, gran parte de lo que es significativo en los textos no es perceptible a simple vista. Sin embargo, para Baker *et al.* (2013: 29) no hay razón para descartar tampoco el empleo de técnicas de corpus con el fin de desvelar lo intuitivamente obvio. Al contrario, una buena parte de cualquier trabajo empírico se dedica, precisamente, a encontrar pruebas más empíricas de lo intuitivamente obvio (Mautner 2016). Por ejemplo, LC puede ser utilizado en el análisis textual para dar mayor credibilidad a otros hallazgos no evidentes, a fin de ofrecer cuantificaciones exactas partiendo de sospechas sobre un fenómeno que pueden ser vagas a simple vista. Por ejemplo, en su estudio estilístico basado en corpus de la novela *Corazón tan Blanco* (1992), apoyándose en estudios previos de narratología y crítica literaria, Fuster-Márquez (2020) constata la gran importancia que en esta obra de Javier Marías tiene la fraseología en la construcción narrativa. Las investigaciones anteriores de carácter cualitativo no cuantificaban de manera sistemática la repercusión de esta fraseología recurrente en la novela de Marías, como sí pudo hacerse empleando una metodología de LC.

Al igual que en otras áreas de la lingüística, los estudios del discurso tradicionalmente han sido de corte cualitativo, decantándose por explicaciones textuales apoyadas en extractos de textos fuente de citas, y ocasionalmente incorporando diagramas o infografías (véase Anthony 2018: 200). Esto puede explicarse por la falta de herramientas que permitieran realizar aproximaciones cuantitativamente fiables. El problema, según Anthony (2018: 200, véase también Hardt-Mautner 1995:1), radica en que esta dependencia de extractos y citas textuales puede dar lugar a acusaciones de sesgo por parte del investigador. Baker (2015) se refiere a este sesgo en los análisis discursivos con la expresión inglesa 'cherry-picking', es decir, al hecho de escoger sólo aquellos datos que le interesan al investigador. Es cuestionable si dichos extractos y citas reflejan rigurosamente el conjunto de los datos. Además, es poco probable que un número limitado de fragmentos y citas capture la complejidad inherente al conjunto de los datos.

Corpus-assisted Discourse Studies (CaDS) es un término acuñado por Partington (2004) que aquí hemos traducido al español como EDAC (Estudios del Discurso asistidos por Corpus)[2] (véase también Fuster-Márquez & Gregori-Signes 2019). Partington (2008: 96) define EDAC como aquella investigación sobre características de tipos de discurso específicos que integra en el análisis, cuando se requieren, técnicas y herramientas desarrolladas por la lingüística de corpus. Podemos decir que la metodología de EDAC combina técnicas de lingüística de corpus (LC) con un análisis textual detallado y minucioso, propio de los estudios del discurso más tradicionales (Stubbs 1996, Partington 2008). Es importante destacar que la adopción de EDAC no obliga al investigador a seguir un enfoque discursivo o método único, si bien todos los enfoques comparten el uso de herramientas de corpus en sus estudios.

Con anterioridad a la acuñación del término EDAC, en los 90' del siglo pasado, ya se constata la existencia de investigadores interesados en relacionar el discurso y la ideología con el soporte de LC para responder a preguntas relacionadas con el discurso (véase también Subtirelu & Baker 2018: 107). Mautner (2016: 155) ofrece una lista detallada y comentada de estas investigaciones tempranas en torno a una diversidad temática.

En los estudios críticos del discurso, EDAC comprendería aquel conjunto de aproximaciones que combinan el análisis minucioso del lenguaje con la consideración del contexto social que interesa a los investigadores críticos del discurso, con las herramientas informáticas desarrolladas por la LC para descubrir patrones lingüísticos y discursivos en grandes cantidades de texto (véase Baker *et al.* 2013: 3).

Podemos destacar que la cuantificación es una labor intrínseca en los análisis de corpus, donde la estadística desempeña un papel fundamental. En este ámbito, Cantos Gómez (2013) y Brezina (2018), entre otros, han publicado guías valiosas para el tratamiento cuantitativo. En particular, Brezina (2018) ofrece una plataforma en línea con tutoriales específicos para la cuantificación en corpus. Según Partington *et al.* (2013), el uso de estas técnicas, junto con otras como la identificación de palabras o expresiones clave y el uso de estadísticas concretas, representan etapas del análisis en las que el investigador se abstiene o no puede manipular consciente o inconscientemente los datos.

---

[2] En esta monografía hemos adoptado la traducción española de las siglas CADS (*Corpus-assisted Discourse Studies*) como EDAC (*Estudios discursivos asistidos por corpus*), tal y como se ha utilizado en el estudio de Baker *et al.* (2011).

IV. **Ventajas de la lingüística de corpus en los estudios discursivos**

Son muchos los estudios que mencionan las ventajas y limitaciones del enfoque EDAC, mencionemos tan solo Stubbs (2001, 2005), Conrad (2002), Partington (2008, 2009), Bednarek (2009), Creswell & Miller (2010), Fuster-Márquez & Clavel-Arroitia (2010), McEnery & Hardie (2011), Partington *et al.* (2013), Baker *et al.* (2013), Subtirelu & Baker (2018), Lischinsky (2018), Fuster-Márquez & Gregori-Signes (2019), Fuster-Márquez *et al.* (2021b), entre otros. Mautner (2016: 155-6) enumera las siguientes características y ventajas de EDAC en los estudios críticos del discurso:[3]

1. El análisis se centra en textos auténticos procedentes de contextos complejos en los cuales cumplen funciones sociales (Mautner 2016: 156).
2. Se basa en la idea de que la variación lingüística es sistemática y funcional (Firth 1935 [1957]: 13), reconociendo su valor como herramienta contextual y sociológica.
3. Permite un análisis riguroso de grandes volúmenes de datos, superando las limitaciones de las técnicas manuales.
4. Las técnicas utilizadas combinan análisis cuantitativo y cualitativo, complementando los métodos tradicionales del análisis del discurso con herramientas estadísticas (Partington 2008: 115, Subtirelu & Baker 2018: 108-109).
5. Hace uso de muestras amplias, que ayudan a reducir el sesgo del investigador, abordando críticas comunes al análisis de corpus, si bien la objetividad total es inalcanzable (Widdowson 2004, Baker 2015, Partington 2008, Subtirelu y Baker 2018: 109).
6. La triangulación metodológica permite aplicar diferentes enfoques a los mismos datos (McEnery & Hardie 2011: 233, Creswell & Miller 2010, Egbert & Baker 2019).

El rigor analítico y la objetividad de los análisis discursivos en EDAC son una preocupación constante entre los estudiosos. Señalemos que la subjetividad es inevitable en cualquier tipo de análisis. Siempre hay algún elemento de subjetividad, de intervención humana en la selección de las preguntas, en torno a la representatividad de los datos que conforman el corpus, o en la formación de hipótesis. Incluso los algoritmos de los programas empleados contienen las conjeturas del investigador. Parece lógico pues preguntarse hasta qué punto contribuye la LC a reducir la subjetividad y sobre todo el sesgo en la investigación sobre el discurso. Son varios los investigadores que han intentado responder a esta pregunta, inicialmente como consecuencia de las dudas en torno a la objetividad planteadas por Widdowson

---

[3] Este listado es una adaptación del listado ofrecido por Mautner (2016) al que se ha incorporado estudios más recientes.

(2004). Por ejemplo, Hunston (2010) se muestra prudente sobre la posibilidad de un análisis riguroso y objetivo en torno a los aspectos valorativos de los textos. Muchos análisis son enormemente interpretativos o subjetivos. Consúltense a este respecto, por ejemplo, las observaciones de Baker *et al.* (2013), Baker (2015), Mautner (2016). Baker (2015: 144) indica que los lingüistas de corpus suelen estar de acuerdo en que, si bien que su metodología no consigue eliminar completamente la subjetividad, o la posibilidad de que el análisis sea tendencioso, sí que logra atenuarla considerablemente.

El debate sobre la contribución de la lingüística de corpus a reducir la subjetividad sigue abierto según Subtirelu & Baker (2018: 109). Ahora bien, para estos autores es indudable que los enfoques de corpus ofrecen metodologías más transparentes y estimaciones cuantitativas más rigurosas en torno a las frecuencias de las características observadas en los textos que las investigaciones puramente cualitativas donde los investigadores manejan pocos textos. En cualquier caso, a nuestro entender, esta cuestión de la subjetividad no puede circunscribirse exclusivamente al uso de la lingüística de corpus en los enfoques de EDAC. Cualquier enfoque analítico del discurso podría ser señalado como tendencioso o subjetivo.

Para reducir la subjetividad en EDAC, Egbert y Baker (2019) sugieren emplear la triangulación metodológica e incorporar la reflexividad en los estudios críticos. Esto consiste en que los investigadores analicen y reconozcan su propia influencia en el proceso de investigación. Los investigadores en EDAC pueden emplean tantas metodologías como necesiten para obtener resultados más satisfactorios y completos. Esta aproximación analítica justifica el término «asistido por corpus» en EDAC. Los investigadores a menudo consultan datos externos al corpus tanto para tratar de interpretar y explicar sus datos como para identificar áreas que requieran un potencial análisis. En comparación con algunas otras formas de lingüística de corpus, en EDAC se hace un uso más frecuente de otras fuentes de información fuera del corpus (Partington *et al.* 2013: 10).

Otras sugerencias para superar la subjetividad en las investigaciones de EDAC, según Partington *et al.* (2013: 340), incluyen la *replicabilidad* y la *parareplicabilidad*. La *replicabilidad* implica que los mismos procedimientos de investigación puedan ser repetidos con los mismos datos para obtener resultados consistentes; la *parareplicabilidad* se refiere a la aplicación de esos procedimientos a un conjunto de datos diferente. Para facilitar ambos procesos, es fundamental la *transparencia*, es decir, permitir que otros investigadores conozcan los criterios de compilación del corpus y proporcionar una descripción detallada de los métodos empleados.

V. LA CREACIÓN DE CORPUS EN EDAC

1. Compilación de corpus y representatividad

Al igual que otras aproximaciones empíricas, más propias de las ciencias sociae les que de las humanísticas, los lingüistas de corpus generalizan sobre poblaciones apoyándose en cuantificaciones estadísticas, las cuales se sustentan en muestras suficientemente representativas para que los resultados obtenidos sean fiables. Dado que los lingüistas de corpus suelen trabajar sobre muestras textuales y no con la totalidad de la población, la compilación de la muestra discursiva y su representatividad son aspectos que requieren toda la atención del investigador.

La representatividad de corpus de grandes dimensiones ha sido foco de atención recurrente en los estudios de LC de cualquier índole (véase Biber 1993a, 1993b). Lichinsky (2018: 61, basado en Moessner 2009: 223) indica que una muestra es representativa de una población más amplia si comparte con ella las mismas características a menor escala: para cada una de las dimensiones en las que varía la población, la muestra debe mostrar una distribución similar a la del conjunto. Cuanto más grandes sean las muestras representativas, la generalización sobre los resultados de la investigación será más sólida. En este sentido el uso de técnicas de corpus sobre un corpus suficientemente representativo será capaz de ofrecer resultados más fiables y objetivos (vid Egbert & Schnur 2018:159). Sin embargo, aunque la muestra sea suficientemente amplia y adecuada, debe admitirse que no se puede lograr la representatividad perfecta, pero sí podemos aproximarnos a ella (Leech 2007: 140).

En EDAC es habitual que el propio investigador cree su corpus de estudio, o corpus *ad hoc*. Dicho corpus debe ser adecuado para obtener las respuestas a la(s) pregunta(s) de investigación que se le formulen (McEnery & Hardie 2011: 2, Marchi 2018: 175). La calidad de los datos del corpus incidirá muy directamente en la precisión y validez de los resultados de investigación. El trabajo que se realiza en la preparación de un corpus de investigación se conoce como *diseño de corpus* (i. 'corpus design'). Por lo tanto, es importante prestar atención a la calidad del corpus, seleccionando textos con el fin de que sea representativo del discurso objeto de análisis, así como lo suficientemente diverso para recoger la variación existente.

Sobre la objetividad a la hora de recopilar un corpus representativo existen varias opciones. Podemos partir de la visión del investigador que disecciona el discurso, encontrando el igual para cada tipo textual, o considerar a los potenciales lectores destinatarios y cómo perciben la importancia de los textos. Algunas observaciones sobre los contenidos de los corpus y lo que estos nos aportan en una investigación aplicando EDAC son pertinentes. En opinión de Egbert & Schnur (2018:159) el tamaño excesivo de numerosos corpus contemporáneos, si bien nos ofrece una gran cantidad de datos, puede hacer que los analistas de discurso pierdan el contacto con los textos individuales incluidos en ellos. La recopilación de fragmentos textuales, como había sido habitual en los primeros corpus que se crearon, tales como el *Brown Corpus* y la estela que le ha seguido hasta la actualidad (véase Baker 2009) tampoco es práctica común en los estudios centrados en el discurso, para los cuales es aconsejable la compilación de textos íntegros (véase también Stubbs 2007, Partington *et al.* 2013). Cuando se visualiza en su contexto histórico, el uso de fragmentos textuales de 2,000 palabras como unidad de muestreo en la recopilación de la familia de corpus *Brown* en lengua inglesa parecía lógico. Sin embargo, la tecnología informática ha avanzado hasta un punto en que ya no es necesario limitar la longitud del texto. En su lugar, los beneficios de introducir textos completos superan con creces cualquier limitación potencial asociada con el desequilibrio en la longitud de los textos, especialmente, según Egbert & Schnur (2018), en corpus que están diseñados para el análisis del discurso. Es más, la utilización de textos íntegros en un corpus permite al investigador estudiar los patrones observados tantoa nivel de corpus como a nivel de texto aplicando cálculos estadísticos apropiados (Egbert & Schnur 2018:159).

2. Criterios de creación de un corpus de prensa

Indudablemente, los investigadores interesados en el discurso de los medios encontrarán de utilidad la incorporación de grandes corpus de prensa por parte de plataformas como *English Corpora* y *Corpus del Español*, con la denominación NOW, que contiene noticias digitales de distintos países de habla inglesa y española, respectivamente. Por su parte, la plataforma *SketchEngine* incorpora los corpus *Timestamped* en distintos idiomas, entre los cuales se encuentra el corpus de noticias correspondiente al español. Este corpus de billones de palabras que contiene artículos de prensa obtenidos en tiempo real a través de canales RSS, ha sido creado por el Instituto Jozef Stefan en Eslovenia, y ha seguido actualizándose al menos hasta 2022. Los investigadores pueden seleccionar subcorpus de los mismos en calidad de corpus de estudio, o bien utilizarlo como corpus de referencia en el análisis de palabras clave (véase sección 4.9.2).

Sin embargo, la desventaja de estos grandes corpus es que el analista desconoce o no puede controlar con precisión qué textos han sido compilados y en qué proporción. En la investigación con los géneros de noticias y la prensa en general, lo más habitual es que el investigador compile un corpus propio y realice él mismo la selección de una muestra textual. Bell (1991) señala que una de las grandes ventajas de trabajar con prensa es su fácil disponibilidad y la gran cantidad de material que ofrece. Sin embargo, el reto consistiría en restringir el análisis a una cantidad manejable de datos. Distintos criterios son posibles. He aquí algunos criterios sociolingüísticos de selección textual para conformar un corpus de estudio propuestos por Bell (1991) para la investigación en torno a noticias radiofónicas adaptados a la prensa:

1. Área geográfica (países, regiones)
2. Lengua utilizada.
3. Circulación de periódicos.
4. Período de tiempo.

A los cuales añadiremos los siguientes parámetros mencionados por Biber (1993: 199):

1. Tipo de anotación codificación introducida, por ejemplo, etiquetado gramatical, etiquetado de características sociolingüísticas, etc.
2. Uso de textos completos o de fragmentos.
3. Tipo de selección de la muestra: por conveniencia, intencionadamente, o de manera aleatoria.

El conocimiento y uso de los medios que serán objeto de análisis es fundamental para la toma de decisiones. Las cifras de audiencia, que suelen publicarse anualmente en Internet, es un índice objetivo de impacto. En España, estas cifras se pueden consultar en fuentes tales como *Statista*. Al analizar la prensa diaria, también es importante elegir la edición adecuada cuando se publican más de una el mismo día, para evitar repeticiones textuales que puedan distorsionar los análisis basados en frecuencias. Nótese además que las duplicidades textuales también pueden darse cuando se recopilan noticias de prensa publicadas por diarios que pertenecen al mismo grupo editorial. Esto ocurre a menudo cuando el investigador trabaja al mismo tiempo con periódicos regionales o locales, y nacionales, como señala Partington *et al.* (2013); y es un hecho constatado también entre diarios españoles y de Hispanoamérica, en la investigación llevada a cabo por Gregori-Signes & Fuster Márquez en torno a la representación de la Violencia de Género (2021).

En la actualidad podemos recurrir a colecciones de artículos de prensa ya sea a través de las hemerotecas de los medios, o bien a bases de datos de prensa digitalizados. En ambos casos, se requiere disponer de una licencia. Por ejemplo, el uso de hemerotecas fue la base de los estudios críticos discursivos realizados por Fuster-Márquez & Gregori-Signes (2019) en torno a la construcción discursiva del turismo y la turismofobia en España en el verano 2017. En la actualidad es habitual utilizar grandes bases de datos. Si se dispone de licencia, dos bases de datos populares de prensa son *Lexis Nexis* y *Factiva*, ampliamente utilizados por periodistas y analistas (críticos) del discurso. El contenido que ofrecen estas bases de datos procede de varios países, está disponible en una variedad de lenguas, y puede descargarse en varios formatos. Sin embargo, pueden existir importantes lagunas periodísticas. Ali (2018) advierte que el uso exclusivo de estas bases de datos determinará las fuentes periodísticas que pueden ser consultadas.

En el diseño de nuestros corpus, dado que es preciso realizar una selección en la muestra, podemos tener en cuenta algunos de los criterios anteriormente citados;

por ejemplo, podemos considerar el tamaño de la audiencia (o mayor circulación). No obstante, Ali (2018) observa que un buen número de diarios prestigiosos, de gran circulación, no figuran en la base de datos de *Lexis Nexis*, en cuyo caso propone recuperar esta prensa no disponible a través de las hemerotecas de los periódicos (véase también Fruttaldo 2017).

En la creación de un corpus propio para el análisis discursivo de la prensa, es práctica común que el investigador establezca criterios específicos de búsqueda en las bases de datos para compilar una muestra representativa sobre el tema objeto de estudio. Las palabras o expresiones seleccionadas por el investigador para extraer artículos de prensa se denominan «palabras semilla» (en inglés, *seed words*). Estas palabras guían la selección de textos y nos aseguran que el corpus esté perfectamente alineado con el tema de estudio. He aquí el listado de estas palabras y frases semilla utilizados en el estudio sobre la representación del islam en la prensa británica por Baker *et al.* (2013: 28):

> Alah OR Allah OR ayatollah! OR burka! OR burqa! OR chador! OR fatwa! OR hejab! OR imam! OR islam! OR Koran OR Mecca OR Medina OR Mohammedan! OR Moslem! OR Muslim! OR mosque! OR mufti! OR mujaheddin! OR mujahedin! OR mullah! OR muslim! OR Prophet Mohammed OR Q'uran OR rupoush OR rupush OR sharia OR shari'a OR shia! OR shi-ite! OR Shi'ite! OR sunni! OR the Prophet OR wahabi OR yashmak! AND NOT Islamabad AND NOT shiatsu AND NOT sunnily

En la introducción de estas palabras o expresiones, las bases de datos *Lexis Nexis* y *Factiva* incorporan los operadores OR, AND y NOT con objeto de restringir o expandir las búsquedas. Además, pueden hacerse uso de comodines para economizar en las búsquedas léxicas. Baker *et al.* (2013: 26-28) advierten, no obstante que, a pesar de lo exhaustivas que nos pueden parecer estas expresiones semilla, las pérdidas o ausencias son inevitables. Por ello puede ser conveniente recuperar aquellas que se encuentren para un análisis posterior.

Si lo que se desea es compilar corpus comparativos para realizar estudios interlingüísticos el reto es mayor, dado que se requiere identificar términos equivalentes precisos, tanto a nivel semántico como pragmático, en los distintos idiomas seleccionados. Para este propósito, Tognini-Bonelli & Manca (2004: 371) recomiendan hacer uso de la traducción, examinando escrupulosamente las equivalencias léxicas o fraseológicas potenciales de las palabras semilla (véanse también Xiao y McEnery 2006, Tognini-Bonelli 2000, Partington 1998).

En un estudio crítico como el realizado por el grupo NEWSGEN de la Universitat de València sobre la Violencia de Género (VdG) en la prensa estadounidense, británica, española y catalana, fue tarea importante reconocer no solo las diferencias interlingüísticas, sino también las variaciones discursivas que podían darse entre países que comparten una misma lengua, como era el caso del inglés en el Reino Unido y Estados Unidos. Aunque ambas naciones comparten tradiciones periodísticas paralelas, en sus contextos socioculturales, muy particularmente los términos extraídos del sistema legal suelen ser distintos. Por lo tanto, en el análisis del discurso asistido por corpus (EDAC), no basta con centrarse únicamente en las diferencias lingüísticas; es crucial atender a la diversidad de contextos socioculturales de cada país en la selección de palabras semilla a la hora de compilar el corpus.

VI. FASES DE INVESTIGACIÓN EN EDAC

Dos procedimientos de investigación posibles en EDAC son tanto el proceso inductivo (de abajo hacia arriba) como el proceso deductivo (de arriba hacia abajo), anteriormente indicados. En ambos procedimientos, la postura teórica del investigador influye en la elección del fenómeno a investigar y en las preguntas que formula cuando interroga al corpus de estudio. En los análisis críticos del discurso con LC se incluye una perspectiva sociopolítica del mundo, con énfasis en la autorreflexión (i. 'self-reflexivity'). Partington (2009) describe ambos procedimientos de este modo:

El proceso inductivo (i. 'bottom-up') consistiría en los siguientes estadios (véase Partington 2009: 279):

1. Seleccionar un fenómeno para investigar.
2. Recopilar un conjunto de datos/textos relevantes.
3. Buscar patrones sistemáticos dentro del conjunto de datos/textos.
4. Formalizar los patrones significativos como reglas que describen eventos naturales.

Nótese que en el método inductivo se formula una pregunta de investigación, no una hipótesis. A diferencia de este, el método deductivo conllevaría la formulación de una hipótesis inicial (Stefanowitsch 2020). Dicho enfoque se desarrolla en cinco etapas:

1. Desarrollar una teoría explícita (una hipótesis).
2. Derivar una predicción comprobable a partir de la hipótesis.
3. Realizar una investigación para poner a prueba la predicción.
4. Modificar (o abandonar) la hipótesis si la predicción es desmentida.
5. Poner a prueba una nueva predicción si se confirma la primera.

Según Partington (2009: 280) muchos estudiosos han argumentado que, en la práctica, la corroboración en este enfoque deductivo no se distingue muy nítidamente del proceso de confirmación empleado en el enfoque inductivo. Veamos a continuación una metodología estándar en EDAC, la cual puede variar según las circunstancias y requisitos individuales de la investigación (Partington 2008: 101-102, Partington 2009: 282, Baker *et al.* 2008: 295, Subtirelu & Baker 2018: 110):

Paso 1   Proponer temas y dar con la(s) pregunta(s) de investigación.

Paso 2   Investigar a fondo sobre la temática.

Paso 3   Elegir, compilar o editar un corpus apropiado que pueda responder a dicha(s) pregunta(s).

Paso 4   Elegir, compilar o editar uno o varios corpus de referencia adecuados (atendiendo a la comparabilidad).

Paso 5   Extraer listas de frecuencia, agrupaciones, palabras clave, dispersión, etc.

Paso 6   Realizar un análisis cualitativo: examinar el uso y determinar la existencia de conjuntos de elementos clave: interpretar y realizar generalizaciones sobre cómo se han utilizado estas palabras clave en los corpus.

Paso 7   Realizar concordancias (incluyendo análisis de colocaciones) de elementos clave (palabras o frases) interesantes en cantidades variables de co-texto.

Paso 8   (Optativamente) ajustar la pregunta de investigación y volver al Paso 2, si surgen cuestiones imprevistas. Ello implica la reorganización de datos o formular nuevas preguntas de investigación.

Al igual que los estudios discursivos de corte más cualitativo, en EDAC el corpus no se concibe con una caja negra aislada, lo cual según Partington *et al.* (2013: 206) es metodológicamente insostenible y de escasa utilidad. El punto de partida para el investigador es familiarizarse con el tipo de discurso que se ha decidido estudiar antes de compilar un corpus. Es necesario como parte del Paso 1 ofrecer una contextualización adecuada, atendiendo a datos externos tanto para intentar interpretar y explicar nuestros datos como para identificar áreas para el análisis a partir de un punto de partida más objetivo y replicable (véase Wodak & Meyer 2016: 19).

En el Estudio Crítico del Discurso con corpus, el Paso 2 podría centrarse en un estudio contextual del tema, considerando aspectos históricos, políticos, culturales, etimológicos, etc., identificando *topoi*, discursos y estrategias a través de una lectura más amplia. El Paso 4 se enfoca en identificar palabras o frases frecuentes y estadísticamente significativas, que orientan hacia un análisis más detallado y permiten al investigador identificar aspectos relevantes en el corpus y relacionarlos con la literatura existente (Baker *et al.* 2013: 28). En el Paso 6, se realiza un análisis cualitativo de un subconjunto representativo de datos, como concordancias de elementos léxicos específicos o textos concretos, para identificar discursos, topoi o estrategias, así como para analizar la intertextualidad e interdiscursividad. Es crucial proporcionar ejemplos completos y representativos de patrones lingüísticos o de uso, destacando los más significativos, aunque el espacio limitado en las publicaciones impida incluir muchos ejemplos (Baker *et al.* 2013, Huon, Caple, & Bednarek 2020). El *Estudio Discursivo de Valores Noticiosos* mediante corpus, utilizado en el análisis de la Violencia de Género por el grupo NEWSGEN requiere de procedimientos específicos que explicitaremos en el análisis llevado a cabo en el capítulo 5 (véase Bednarek & Caple 2014, Potts *et al.* 2015).

VII. LA ANOTACIÓN Y LOS METADATOS

En la compilación de un corpus de estudio, la conversión de los textos reales seleccionados en texto plano (*.txt*) es la primera tarea que debe realizarse para poder explorarlos y analizarlos con software de corpus. Existen programas que permiten realizar esta conversión de manera bastante automática. Sin embargo, es conveniente saber que el proceso de conversión a texto plano tiene implicaciones o consecuencias. Los textos convertidos de forma automáticapueden albergar corrupciones en la transferencia y, lo más importante, conllevan una pérdida de características de las fuentes seleccionadas. Con anterioridad indicamos la inevitable pérdida de elementos visuales y tipográficos, como tablas, gráficos o estilos de fuente. Sin embargo, esta pérdida puede ser atenuada a través de anotaciones y marcado adicional, es decir, mediante el uso de metadatos.

Según Mautner (2016: 164) los corpus difieren en cuanto a la información metalingüística codificada. En EDAC los analistas insertan códigos que describen información extratextual, tales como el tipo de texto, las características sociolingüísticas de los hablantes o escritores, o cualquier otra característica relevante en relación con las preguntas de investigación. Estos metadatos, incorporados por el investigador en su corpus de estudio, desempeñan un papel fundamental en EDAC cuando deseamos relacionar los ejemplos mostrados en las búsquedas mediante herramientas de corpus con su contexto original (McEnery & Gabrielatos 2006: 22-3).

Para recuperar información en un corpus de prensa, el caso que nos ocupa, se sugiere el uso de etiquetas de encabezamiento, de modo que se pueda distinguir la autoría, la fecha de publicación, el género del texto, el país de publicación, etc., para cada uno de los textos compilados. En el proyecto NEWSGEN, también pudimos distinguir entre secciones textuales de la noticia (titular y cuerpo). Estos metadatos pueden ser utilizados en nuestras exploraciones, siendo crucial para un análisis discursivo más contextualizado.

Además, los textos compilados pueden ser enriquecidos con diferentes tipos de anotación (véase McEnery & Hardie 2011). La anotación se refiere al proceso de agregar informaciones lingüísticas adicionales a un corpus, tales como etiquetas morfológicas, sintácticas o semánticas. Dicha anotación, manual o automatizada, permite a los investigadores trabajar con datos más precisos y detallados. El etiquetado morfosintáctico, de categorías gramaticales, es muy habitual en EDAC (i. 'Part-of-Speech tagging', 'POS'). Con esta anotación el investigador puede saber inmediatamente si los elementos léxicos en su corpus son nombres, verbos, adjetivos, etc. En este proceso de anotación a cada vocablo se le asigna una etiqueta o rótulo que indica su estatus gramatical en el contexto en el que aparece.

Existen varios programas que pueden realizar esta labor de una forma bastante automática. Nótese, sin embargo, que la anotación morfosintáctica tiene un margen de error, situado en torno al 3 y 5 por ciento (véase Baker *et al.* 2013: 37). Debe tenerse también en cuenta que existen diferentes opciones de etiquetas morfosintácticas, las cuales dependerán de los intereses del investigador o bien de la plataforma utilizada. Por ejemplo, *SketchEngine* etiqueta automáticamente en distintas lenguas y no permite al investigador intervenir en el proceso. Por todo ello, conviene que el investigador conozca el efecto que el etiquetado o los posibles errores en sus búsquedas.

He aquí, a modo de ejemplo ilustrativo, el resultado de aplicar etiquetado morfosintáctico automáticamente a este titular y entradilla de la noticia publicada en *The Guardian* (30 de agosto de 2024) mediante la versión gratuita de *CLAWS POS tagger* (UCREL):

Kamala Harris defends policy stances and shares plan for office in first major interview

In sit-down with CNN's Dana Bash, vice-president defends shifts on policy issues and her support for Biden

Kamala_NP1 Harris_NP1 defends_VVZ policy_NN1 stances_NN2 and_CC shares_NN2 plan_VV0 for_IF office_NN1 in_II first_MD major_JJ interview_NN1 In_II sit-down_NN1 with_IW CNNs_NP2 Dana_NP1 Bash_NP1 ,_, vice-president_NN1 defends_VVZ shifts_NN2 on_II policy_NN1 issues_NN2 and_CC her_APPGE support_NN1 for_IF Biden_NP1

La interpretación de las etiquetas puede obtenerse desde la misma web de UCREL.[4] También es posible realizar otros tipos de anotación, como la anotación semántica a través de programas automáticos, como los propuestos por la Universidad de Lancaster (UCREL). Es más, el uso de etiquetado morfosintáctico y semántico permite a los investigadores trabajar directamente con etiquetas. Así, por ejemplo, Potts *et al.* (2015) realizaron un análisis de corpus sobre el Huracán Katrina en prensa utilizando una variedad de opciones gracias al etiquetado morfosintáctico y semántico. Por su parte, la investigación de Bednarek (2019) centró su análisis en una lista que contenía las 100 etiquetas más recurrentes del etiquetador USAS en lengua inglesa.

Otras funciones lingüísticas interesantes para los analistas del discurso son las de los lematizadores, con los cuales el investigador puede elegir centrarse en formas de palabra (formas no lematizadas), por ejemplo, la forma verbal *viajando* o *viajaba* o, si lo desea, directamente en todas las formas conjuntas de este verbo mediante el lema VIAJAR.

---

[4] https://ucrel.lancs.ac.uk/claws

La incorporación de metadatos y el empleo de estos y otras herramientas de anotación nos permiten obtener una imagen mucho más precisa de la frecuencia de determinados fenómenos. Conboy (2010: 5, basándose en Bahktin) señala que todas las transacciones lingüísticas tienen lugar en el contexto de expresiones potencialmente alternativas. Brevemente, los periodistas tienen múltiples maneras de enfocar, describir o tratar los temas elegidos, y continuamente toman decisiones entre un conjunto de opciones potencialmente amplio. Como indican Baker *et al.* (2013: 25) un análisis crítico de los datos contenidos en un corpus nos permitirá ver qué opciones han sido priorizadas, evidenciando formas de pensar dominantes, populares o arraigadas.

VIII. LA COMPARABILIDAD EN **EDAC**

Como se ha indicado en § 4.5., la investigación en EDAC se caracteriza por la compilación de corpus *ad hoc* diseñados por el propio investigador, ya que con frecuencia no existe una colección previamente disponible del tipo de discurso en cuestión. Asimismo, otras fuentes y otros corpus son utilizados en el transcurso de la investigación para su comparación. Estos corpus comparativos pueden ser corpus preexistentes, muchos de ellos accesibles a través de plataformas. Por ejemplo, el *BNC* o *COCA* en el caso del inglés, o corpus preinstalados en *Sketch Engine*, o los corpus CREA o CORPES XXI en el caso del español se han utilizado para este propósito. Este es el caso de la investigación de Fuster-Márquez (2014) sobre paquetes léxicos y marcos léxicos, para la cual utilizó listados de frecuencias léxicas y fraseológicas del *BNC* como corpus de referencia en el análisis de palabras clave (véase § 4.9.2.) Cabe señalar que el investigador en EDAC puede utilizar más de un corpus de referencia, o puede crearlos él mismo si no le satisfacen los ya existentes.

Según Partington *et al.* (2013: 328), el eclecticismo metodológico de EDAC se refleja en las posibles comparaciones que pueden llevarse a cabo. Adviértase que en EDAC solo es posible descubrir y evaluar las características particulares de un tipo de discurso comparándolo con otros (Partington 2008: 98, Partington *et al.* 2013: 12). Incluso cuando se utiliza un solo corpus, para probar los resultados obtenidos en una investigación, se pueden contrastar con aquellos obtenidos por otros investigadores en su campo, consultar obras de referencia como diccionarios, gramáticas, y contrastar datos extraídos del mundo real para confirmar o refutar las intuiciones basadas en nuestras expectativas. Ahí radica, según Partington *et al.* (2013), como se ha indicado anteriormente, la preferencia por utilizar el término *Estudios del Discurso asistidos por Corpus*, dado que el corpus de estudio no es la única fuente disponible en las investigaciones sobre el discurso.

En los Capítulos 5 y 6 propondremos algunas sugerencias de comparabilidad en el marco del Análisis Discursivo de Valores Noticiosos (ADVN). He aquí comparaciones sugeridas para el estudio del discurso periodístico (vid Partington 2008: 116, Partington *et al.* 2013: 13). El análisis discursivo puede efectuarse entre diarios de un país que comparten la misma lengua (análisis intralingüístico y/o intra-cultural). Dicha comparación puede establecerse entre dos diarios (A y B), quizá rivales ideológicos, o entre más de dos (A, B, C, etc.), en cuyo caso la comparación es secuencial o múltiple. La comparación puede ser además sincrónica -corres-pondiente al mismo período-, o diacrónica. El mismo tipo de análisis, sincrónico o diacrónico, puede ser además interlingüístico o intercultural (entre países).

El estudio discursivo diacrónico mediante EDAC, denominado *Modern Diachro-nic-Corpus-assisted Discourse Studies*, o con las siglas MD-CADS, en inglés (véase Partington 2010) conlleva la reflexión sobre el mejor modo de segmentar en unidades de tiempo (Marchi 2018: 174-5, véase también Partington & Duguid 2018: 43, Baker *et al.* 2013). Según Marchi (2018-175), el elemento MD (i. 'Modern-Diachronic') en estos estudios es relevante porque generalmente abarca un marco temporal de algunas décadas, y aunque el análisis del cambio lingüístico es centro de atención, los intereses de los investigadores en MD difieren de las investigaciones clásicas de la lingüística diacrónica.

IX. **Programas y técnicas de corpus en EDAC**

Un corpus es simplemente un conjunto de datos inerte, como afirman Partington *et al.* (2013: 14). El corpus será de interés solo si puede ser interrogado utilizando software especializado. En la actualidad existen numerosos programas y plataformas habitualmente utilizados en LC que permiten 'interrogar' o investigar los corpus que han sido creados por el propio investigador, como suele ser el caso en EDAC. Cite-mos, por ejemplo, *AntConc, Wordsmith, SketchEngine, LancsBox, CQP(Web)*, *UAM Corpus tool,* entre otros. Todas estas plataformas y programas informáticos continúan desarrollándose, en versiones sucesivas, añadiendo a su repertorio nuevas técnicas o perfeccionando las ya existentes. Para algunos de estos programas o plataformas se requiere licencia mientras que otros son de libre acceso.

Este software incluye los habituales programas de concordancias, cómputos de frecuencia, palabras clave, agrupaciones o cálculos de dispersión. Admitamos que no todos los investigadores EDAC hacen uso de las mismas herramientas de corpus, ni de los mismos cálculos estadísticos, para los objetivos que se proponen. De hecho, el software utilizado suele incorporar herramientas de cálculo diferentes.

McEnery & Hardie (2011, Capítulo 2) señalan que, a pesar de las distintas ver-siones de software que han surgido con el tiempo, las funciones fundamentales de estas herramientas han experimentado pocos cambios. Para Taylor (2018: 22), si el conjunto de herramientas no se amplía, tampoco lo hará la gama de preguntas de investigación que pueden abordarse razonablemente mediante corpus. Entendamos que los desarrollos de herramientas de corpus suelen venir marcados precisamente por las necesidades planteadas por los propios investigadores.

Es evidente que las herramientas disponibles no solo configuran, sino que también moldean el tipo de investigación que puede realizarse. En muchas ocasiones, se ha señalado el problema de los nuevos investigadores, quizá atraídos por el software, es querer comenzar a utilizar las herramientas de corpus antes de abordar las cuestiones que estas técnicas plantean. A continuación, presentaremos algunas de las técnicas más comunes y sus funciones.

1. Análisis de frecuencias

La frecuencia es simplemente la cantidad de veces que una palabra o una combinación de palabras aparece en un corpus. El investigador puede centrarse en la frecuencia conjunta, o bien considerar su categoría gramatical (sustantivos, adjetivos, verbos, etc.). Esta labor es más fácil si el corpus ha sido etiquetado convenientemente. Generalmente, los estudios en EDAC se interesan por la frecuencia de las palabras de contenido, o palabras léxicas, excepcionalmente por las palabras funcionales.[5]

Se pueden aplicar estadísticas de frecuencia: medidas como la moda, la mediana o la media, entre otras, que ayudan a resumir y comparar la frecuencia de diferentes palabras en el corpus. Para ello, el investigador puede exportar sus resultados desde el programa de frecuencias, por ejemplo, a una hoja de cálculo como Excel de Microsoft, y realizar allí fácilmente estas mediciones. En LC, los principales factores limitantes son las capacidades de los programas informáticos, así como las características, sobre todo en cuanto a composición y anotación, de los corpus electrónicos que se utilizan. En la situación actual, y teniendo en cuenta las limitaciones de las herramientas disponibles, existe un pronunciado sesgo a favor de los elementos léxicos individuales y sus agrupaciones, por ejemplo, engramas. Técnicamente un engrama se definiría como una secuencia de *n* elementos consecutivos en un texto o corpus textual, donde los elementos pueden ser palabras, caracteres o cualquier otro tipo de unidad lingüística. Sencillamente, la unidad 'palabra' funciona como eje de la que pende todo lo demás (Mautner 2016: 157).

Aunque el cálculo de la frecuencia léxica es un proceso automático y relativamente sencillo, es crucial tener en cuenta que el software utilizado puede influir en los resultados debido a las diferencias en la tokenización llevada a cabo por el programa, es decir, el proceso mediante el cual un texto se divide en unidades mínimas o 'tokens'. Estos 'tokens' suelen ser palabras, pero también pueden incluir

---

[5] No obstante, véase Dolón-Herrero & Fuster-Márquez (2016), donde los autores, mediante un análisis crítico sobre un corpus de prensa británica en torno a la gripe porcina se centraron en el valor semántico y pragmático de las preposiciones.

números, signos de puntuación o combinaciones de estos. Así, por ejemplo, en su cómputo de frecuencias totales de corpus alojados en el software, *Sketch Engine* distingue entre número total de tókens y número total de palabras (siempre menor). Partington *et al.* (2013: 15) reflexionan sobre el modo en que los distintos programas contabilizan palabras. Por ejemplo, el numeral 'eleven' en inglés, se cuenta como una palabra, pero plantea si debiera incluir en dicho cómputo, por tratarse de la misma palabra, el numeral arábigo '11'. Del mismo modo, 'diez mil' tiene dos palabras, pero ¿cómo tratamos '10000'? La cuestión puede complicarse igualmente con el uso de puntuación y la forma en que diferentes programas de corpus manejan estos casos. Por ejemplo, en inglés *UK* puede ser tratado como una sola palabra, mientras que *United Kingdom* es contabilizado como dos por los programas de frecuencias. Cada programa informático tokeniza de forma distinta, lo que puede llevar a resultados distintos en el cómputo de frecuencias. En muchos de estos casos es conveniente que el investigador realice un escrutinio posterior. En la actualidad, gracias a la anotación, los programas pueden contar palabras como 'lemas' e incluso realizar cálculos de frecuencia más abstractos sobre clases de palabras, entre otras opciones.

2.   Cálculo de palabras clave

La técnica de LC conocida en inglés como 'keyword analysis', y en español como *análisis de palabras clave,* fue introducida por Scott (1996, 1997) en su herramienta *Wordsmith*. Posteriormente ha sido incorporada en los programas más habituales. Esta técnica puede identificar palabras o engramas que consideramos clave (i. 'keyword' o 'key ngrams'), seleccionados por programas automáticos a los que se asigna un valor de 'keyness' en su cálculo. A diferencia de la simple extracción de listados de palabras frecuentes, las palabras clave son identificadas estadísticamente y pueden ser definidas como aquellas palabras significativamente más frecuentes de lo esperado en una muestra textual (véanse Scott & Tribble 2006, cf. Bondi & Scott 2010, Subtirelu & Baker 2018: 108 para las distintas interpretaciones del término 'keyword' en la literatura). Diremos que las palabras serán clave si son estadísticamente más frecuentes en un corpus de estudio en comparación con un corpus de referencia. Por consiguiente, la identificación palabras clave requiere contar con un *corpus de referencia* adecuado. Alternativamente, se ha sugerido que dichas palabras clave puede ser identificadas sin necesidad de contar con un corpus de referencia (véase Moreno-Ortiz 2024: 59-102).

Nótese que la frecuencia normalizada es un importante complemento al cálculo de keyness en estudios de ACD, dado que los corpus comparados generalmente suelen ser de tamaños distintos, por lo que emplear frecuencias absolutas de palabras produce resultados inadecuados. Observemos también que el software empleado puede incidir en la detección de estas palabras clave al proponer distintos cálculos en su identificación. Tradicionalmente se ha utilizado la función *log-likelihood,* calculada por el programa, que indica la fortaleza de la diferencia de aparición del ítem entre los corpus de estudio y de referencia. Las listas de palabras resultantes se ordenan por su valor de 'keyness' en sentido decreciente. El valor p (i. '*p*-value') indica el nivel de significación estadística o de confianza mínima que debe alcanzarse para admitir que una palabra es clave (vid Partington 2012: 56). La decisión de los umbrales de frecuencia dependerá del tamaño del corpus de estudio (cf. Baker 2006). Sin embargo, en la actualidad ha surgido un debate sobre qué cálculos estadísticos son los más adecuados para una identificación más precisa de palabras clave. Algunas propuestas van en el sentido de utilizar otra medida de 'keyness' junto a *log-likelihood* (vid discusión, entre otros, en Gabrielatos & Marchi 2012, Gabrielatos 2018, Brezina 2018). Es importante que el investigador en EDAC se familiarice con estas propuestas estadísticas, en qué se fundamentan dichos cálculos, ya que pueden afectar directamente a los resultados y, consecuentemente, a la validez interpretativa de su análisis.

La extracción de listados de frecuencia y de palabras clave es 'corpus-driven', donde la participación del investigador es escasa o nula. Para Partington *et al.* (2013: 18) ambos tipos de listado nos proporcionan información considerable tanto sobre los elementos gramaticales y léxicos del corpus de estudio como sobre el tipo de temas tratados en él. La obtención de estos listados suele constituir el primer estadio de análisis automático con corpus en EDAC.

En principio, un listado de palabras descontextualizado sería equivalente a consultar un diccionario o un glosario, en el que las técnicamente palabras resultan ambiguas, consecuencia de la inherente polisemia que afecta al vocabulario de las lenguas naturales. Sin embargo, conviene recordar que en EDAC las palabras han sido extraídas de un corpus que el investigador ha compilado en torno a un tema concreto y, por lo tanto, esta ambigüedad o multiplicidad de significados potenciales es más aparente que real. Recordemos también que un gran número de análisis cualitativos en ECD se centran en el valor léxico. Coincidimos con Van Dijk (2004: 25), y es un punto reseñable, en que las palabras no solo transmiten conceptos y significados, sino también evaluaciones ligadas a esos significados léxicos elegidos.

Por otra parte, como veremos en la sección 4.9.5., las herramientas de dispersión del software de corpus pueden ayudar a los investigadores a visualizar más exactamente si el uso de palabras o expresiones del listado obtenido se encuentran ampliamente distribuidas en los textos del corpus, o aparecen en algunos de ellos. Sin embargo, necesitamos mayor contextualización a fin de precisar estos valores semánticos y discursivos de las palabras o frases de los listados obtenidos. En LC ello es posible mediante los programas de concordancias y de análisis de colocaciones que describimos a continuación. Nótese también que, generalmente, cuando los listados obtenidos son excesivamente amplios, los investigadores suelen centrarse en aquellos cuyos valores son más altos en la tabla obtenida.

3. **Análisis de concordancias**

Una concordancia es simplemente una tabla que muestra todos los casos de una palabra, o frase en su entorno lingüístico o textual. Esta técnica produce todas las apariciones de un término de búsqueda concreto, junto con el texto lingüístico inmediato, o co-text,o que lo rodea. En la Tabla 1 reproducimos la concordancia del bigrama *in fact*, es decir, una frase compuesta por dos palabras consecutivas, extraída del subcorpus escrito del *British National Corpus*, cuyo contenido aproximado es de 90 millones de palabras (el cómputo exacto de palabras depende de la tokenización efectuada por el software utilizado, como se ha indicado en § 4.9.1.). Aunque no se visualiza en la Tabla 1, en una banda superior se indica que existen 265 casos de la búsqueda *in fact* en este subcorpus. En el centro de cada línea de concordancia se sitúa nuestra búsqueda, el bigrama *in fact*, que convencionalmente denominamos en español *Palabra Clave en Contexto* (PCEC), como traducción del inglés Key Word in Context (KWIC). Aunque convencionalmente nos refiramos a PCEC, esta «palabra clave» puede constituir una secuencia, como la mostrada en la Tabla 1. Alrededor de cada una de estas líneas se ha capturado un número de palabras de su contexto (o 'co-texto').[6] Téngase en uenta el número de palabras en el co-texto debe ser suficiente para precisar el uso o significado de *in fact*. Por último, a la izquierda de cada línea de concordancia se proporciona su texto de origen en el corpus.

---

[6] Las concordancias KWIC en realidad se remontan al siglo XIII y a las concordancias bíblicas manuscritas de monjes como Antonio de Padua y Hugo de Santo Caro (Kitto 1882). Las concordancias KWIC modernas son generadas automáticamente por herramientas de concordancia (Anthony 2018: 199).

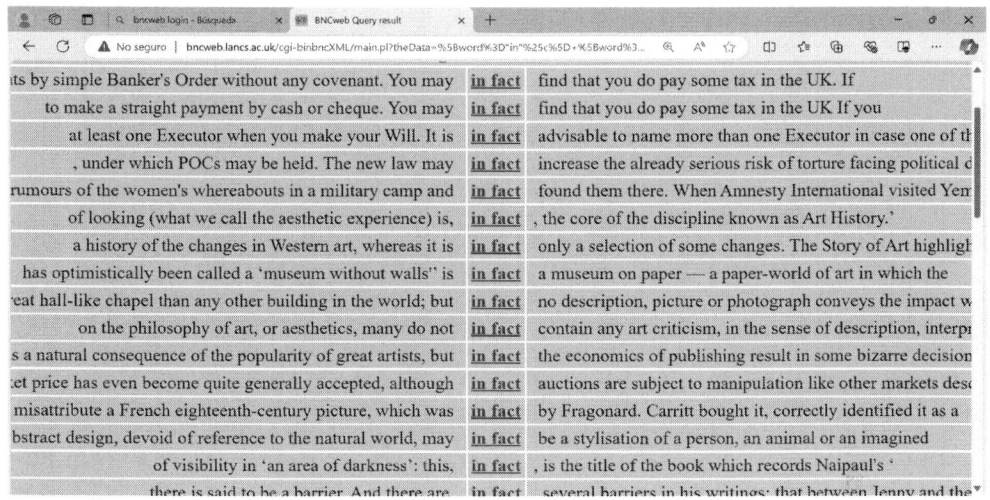

Tabla 1: Concordancia del bigrama *in fact* extraído de BNCWeb[7]

Partington *et al.* (2013: 9) destacan que estos patrones lingüísticos no suelen ser fácilmente percibidos mediante introspección, pero pueden ser más claros utilizando un programa de concordancias como el que hemos propuesto. Esta herramienta permite buscar en grandes volúmenes de texto a fin de identificar patrones recurrentes de palabras o frases en torno al elemento de búsqueda, o *nodo*, especificado por el analista. La concordancia es útil en el análisis cualitativo, ya que el co-texto se puede ampliar, e incluso podemos acceder al texto de origen en su conjunto, y las concordancias se pueden clasificar automáticamente de modos distintos. Si los lingüistas de corpus disponen de un corpus etiquetado, pueden examinar la información de determinadas palabras en relación con su valor morfosintáctico o semántico, etc.

Aunque la herramienta de concordancias es probablemente la más popular en EDAC, Anthony (2018: 209-210) menciona algunas desventajas en torno a la visualización, que se acentúan cuando los corpus son de gran tamaño:

1. *El contexto es incompleto y limitado:* El corte arbitrario del contexto circundante resulta en fragmentos de lenguaje incompletos, elementos no gramaticales o palabras no formadas completamente. La cantidad de contexto que se muestra es limitada, lo que dificulta la interpretación de los patrones presentados.

2. *Información excesiva:* La presentación secuencial de todas las coincidencias genera muchas filas que no se pueden observar en una sola pantalla, requiriendo desplazamientos adicionales.

---

[7] BNCWeb (http://bncweb.lancs.ac.uk/) es una plataforma de análisis de corpus creada en la Universidad de Láncaster cuyo acceso es gratuito.

3. *Ruido en los datos*: Las líneas de concordancia pueden contener patrones irrelevantes o poco frecuentes, lo que complica distinguir la información relevante de la no relevante.

4. *Ordenación problemática*: El orden de palabras estándar de las filas suele depender de la posición en los archivos del corpus, y los investigadores generalmente están más interesados en la frecuencia de los patrones que en su orden alfabético, lo que requiere un procesamiento adicional incluso después de la ordenación.

Estas y otras limitaciones requieren la manipulación o el procesamiento adicional para ser efectivamente útil en el análisis de patrones lingüísticos. Por ejemplo, en su investigación sobre los valores noticiosos presentes en el análisis de *El Día de Australia,* Caple, Huan & Bednarek (2020) recomiendan analizar oraciones íntegras en un desarrollo posterior, o bien ampliar el co-texto, como así hicieron para examinar las referencias anafóricas entre otros aspectos.

Dicho esto, los programas de concordancias más habituales permiten superar gran parte de los inconvenientes reseñados por Anthony (2018). Además, el uso de comodines o expresiones regulares (REGEX) permite al investigador realizar búsquedas fraseológicas más concretas y sofisticadas. Por ejemplo, la búsqueda con la herramienta de concordancias de *Sketch Engine* permite centrar el interés sobre construcciones fraseológicas, ya sea a través del uso de comodines o del uso más sofisticado de expresiones con su *Corpus Query language* (CQL). En la Tabla 2, se ha realizado una búsqueda de la secuencia compleja *fue * agred** que puede contener elementos variables en el corpus de noticias preinstalado *Timestamped JSI web corpus 2014-2021 Spanish* de aproximadamente 18 billones de palabras.

Tabla 2. Concordancia de *fue * agred** en Timestamped JSI 2014-2021 (*Sketch Engine*)

La concordancia íntegra tiene 2991 resultados, y aquí sólo se muestra parte de la primera pantalla. El uso del asterisco (*) tiene un valor de comodín con dos funciones en este programa. Por una parte recupera palabras: en este ejemplo cualquiera que se sitúe entre el verbo y el participio (generalmente un adverbio); por la otra, proporciona todos los resultados que completan la palabra sugerida por el segmento inicial *agred** en dicho corpus. De este modo se pueden observar patrones donde hay posible variación, los adverbios *brutalmente, salvajemente, presuntamente, nuevamente,* con distintas frecuencias y valores semánticos. Por su parte, el participio en singular es completado con su valor masculino *agredido* y con el femenino *agredida*. Igualmente, la frecuencia de ambos participios es variable. En los discursos de noticias de prensa como el elaborado por el grupo NEWSGEN, regularmente encontramos casos como los que acabamos de describir. Obviamente, todavía desconocemos qué ha causado la agresión, las circunstancias de la misma, los actores implicados, o las fuentes de la noticia. En un análisis posterior, el investigador tendría que ajustar su búsqueda para obtener estos u otros detalles.

Sin embargo, dada la densidad de resultados, difícilmente manejable mediante una observación atenta de las concordancias, uno de los recursos más socorridos en EDAC consiste en acudir al análisis de colocaciones que describiremos en el siguiente apartado.

4. Análisis de colocaciones

El análisis colocativo automático analiza los patrones de palabras que tienden a coaparecer en el co-texto de palabra o expresión de búsqueda. El análisis de colocaciones se basa en el uso repetido de las mismas palabras en el co-texto inmediato. Baker *et al.* (2013: 36) señalan la inexistencia de un estándar o norma entre lingüistas de corpus para esta clase de análisis. De manera ordinaria la configuración predeterminada de *Sketch Engine* o *WordSmith* usan hasta cinco palabras a cada lado de la palabra buscada. Salvo raras excepciones, tales como conectores interoracionales, marcadores discursivos, entre algunos otros, la referencia a un co-texto más allá de cinco palabras a izquierda o derecha del término analizado no ofrece una identificación de palabras (colocados) que realmente tengan una relación significativa entre sí.

Las herramientas de LC pueden ofrecer diferentes medidas de colocación, que indican la probabilidad de que dos palabras aparezcan juntas con más frecuencia de lo que se esperaría por azar. En la Tabla 3, mostramos las colocaciones más relevantes del sustantivo *accidente* en el español actual, extraídas del corpus público CORPES XXI, versión 1.1. que contiene, según sus autores, más de 380.000 documentos, y más de 410 millones de formas ortográficas, procedentes de textos escritos y de transcripciones orales.[8]

---

[8] Véase https://www.rae.es/corpes/contenidos/datos. Última consulta 27 de agosto de 2024.

Lema	Cat.	Frec.	MI	T-Score	LL
Yak-42	sustantivo	45	13,88	6,7	352,51
Yak	sustantivo	29	13,72	5,38	223,2
Yakolev	sustantivo	20	13,49	4,47	149,99
cuarenta y dos	sustantivo	17	12,19	4,12	111,54
ACV	sustantivo	60	11,5	7,74	366,88
Chernobyl	sustantivo	22	11,18	4,69	130,01
Prestige	sustantivo	60	10,9	7,74	343,93
Chernóbil	sustantivo	20	10,73	4,47	112,52
Fukushima	sustantivo	44	10,42	6,63	239,14
Spanair	sustantivo	14	10,35	3,74	75,46
croquis	sustantivo	18	10,18	4,24	95,11
Columbia	sustantivo	92	10,11	9,59	482,58
tránsito	sustantivo	554	10,03	23,53	2882,94
miocardio	sustantivo	38	9,75	6,16	190,91
tráfico	sustantivo	620	9,7	24,89	3104,04
aviación	sustantivo	75	9,43	8,66	361,92

Tabla 3. Colocaciones del sustantivo 'accidente' en Corpes XXI

Los resultados muestran la integración de diferentes medidas estadísticas de asociación de palabras (i. 'association measures'). En la actualidad existe un gran número de estadísticas de las colocaciones (véase discusión en Cantos-Gómez 2013, Gablasova *et al.* 2017, Brezina 2018). Algunas de las más utilizadas son *log-likelihood ratio*, *el índice de dependencia mutua* (i. 'mutual information', MI), *log dice*, y *delta P*. En la representación del vocablo *accidente*, CORPES XXI ofrece cuatro valores de colocación o coaparición: la frecuencia total en el corpus, y tres valores estadísticos: *el índice de dependencia mutua (IM), t-score* y *LL (log-likelihood)*. En ECD, el valor de menor interés es *t-score*. Mautner (2016: 159) señala que la medida de *t-score* destaca en la parte alta de la tabla elementos gramaticales frecuentes. Este tipo de análisis interesa más a los gramáticos, y no suele interesar a los analistas del discurso, por esa razón, los ECD suelen ignorar esta medida asociativa. El *índice de dependencia mutua* tiene en cuenta los casos en que dos palabras aparecen juntas o separadas y asignar mayor prioridad a las que suelen aparecer juntas; esta técnica nos permite hacer afirmaciones más sólidas sobre la fuerza de la colocación. Otras técnicas, como *log-likelihood*, según Baker *et al.* (2013: 37) se basan en comprobar la hipótesis nula de que dos palabras aparecen juntas con más frecuencia de la que proporcione el azar, teniendo en cuenta su frecuencia en el corpus y el tamaño de éste. Es fácilmente comprobable en esta selección de la Tabla 2 que el orden de los colocados -las palabras que aparecen junto a *accidente*- resulta de aplicar el índice de dependencia o información mutua (IM). El investigador puede exportar estos resultados mediante una hoja de cálculo y proponer una ordenación diferente, aplicando otra estadística según sus propios criterios como base de un ulterior análisis discursivo de corte más cualitativo.

Para realizar el análisis de colocaciones, existen además herramientas complementarias que pueden ser muy útiles para los investigadores. Una de ellas es *Word Sketch*, integrada en el software *Sketch Engine*, que presenta de forma resumida y organizada las colocaciones del lema buscado. El uso de esta herramienta solo es posible si el corpus ha sido etiquetado previamente. *Word Sketch* agrupa las colocaciones en conjuntos gramaticales, especificando no solo las palabras que coaparecen con el lema, sino también la relación gramatical que existe entre ellas (Subtirelu & Baker, 2018: 109). De este modo el investigador puede visualizar no solo con qué palabras se asocia el lema, sino también qué función sintáctica desempeñan dichos colocados. La herramienta *Word Sketch* ordena los colocados por tipicidad y frecuencia, lo que facilita una identificación más precisa de su valor discursivo. Esto es especialmente útil cuando se trabaja con corpus de gran tamaño, con densidad de datos, ya que ayuda a seleccionar colocaciones relevantes.

Pueden ser también útiles las herramientas *Sketch Difference*, integrado en *Sketch Engine*, adicionalmente, que permite la comparación colocativa (Taylor 2018: 22-3) y la función 'compare' de la interfaz de *English Corpora* y *Corpus del Español*. No obstante, al menos hasta la fecha, *Corpus del Español* no permite la utilización de corpus *ad hoc*.[9] Concretamente, *Sketch Difference* puede ser útil para comparar dos palabras en el mismo corpus o la misma palabra en dos (sub)corpus diferentes ya que analiza tanto la similitud como la diferencia en los patrones de colocación (Taylor 2018: 23). Una ventaja de esta herramienta es que nos permite indagar sobre ausencias léxicas en los discursos (Partington & Duguid 2018: 43).

5. Cálculo de dispersión y gráficos de visualización

Aunque el cálculo de frecuencias en un corpus se efectúa de una manera automática y con gran rapidez, ya sea para obtener simples listados de frecuencia o de palabras clave, existen ciertos peligros. El problema reside en que el listado resultante se refiere a la totalidad del corpus como unidad de observación, en cambio los textos individuales no se tienen en cuenta en el análisis. Como resultado, la lista de palabras que se obtiene puede no representar patrones generales, ya que aunque una palabra pueda tener, y a menudo tiene, un alto valor de 'keyness' es posible que aparezca únicamente en un texto o en unos pocos textos del corpus. Este tipo de palabras no representa un patrón discursivo general; por esta razón es necesario acudir a cálculos más efectivos sobre 'dispersión' en un corpus que tenga en cuenta al texto como unidad (Egbert & Schnur 2018: 169). Una herramienta comúnmente utilizada en EDAC son los gráficos de dispersión (i. 'dispersion plots'), los cuales trazan con exactitud

---

[9]   El *Corpus del Español* puede consultarse en https://www.corpusdelespanol.org/.

en qué lugares de un texto o de un corpus se encuentra un elemento de búsqueda. Los gráficos de dispersión muestran de forma gráfica si estos elementos se hallan en algunos textos del corpus o si, por el contrario, están más ampliamente distribuidos, encontrándose en una gran parte de los mismos. Los cálculos de dispersión pueden revelar de manera más precisa patrones, tendencias, agrupaciones, pero también identificar valores atípicos que no siguen la tendencia general del resto de los datos (Partington *et al.* 2013: 20). Las diferentes versiones de *AntConc* y *WordSmith Tools* (Scott 2016), por ejemplo, generan visualizaciones de concordancia KWIC, visualizaciones tabulares y gráficos de dispersión unidimensionales especializados que aparecen como códigos de barras que muestran la posición de las palabras en un texto (véase Anthony 2018). Por otra parte, la interfaz en línea de *English Corpora y Corpus del Español*, creada por Mark Davies (https://www.english-corpora.org/) genera automáticamente histogramas de series temporales y mapas de calor para visualizar los resultados de las búsquedas (Anthony 2018: 207). Por su parte, *Sketch Engine* introduce el cálculo *Average Reduced Frequency* (ARF) como variante del listado de frecuencias que descarta ocurrencias múltiples de una palabra que se produzcan cerca una de otra, por ejemplo, en el mismo documento. Además aplica el cálculo *Average Logarithmic Distance Frequency* (ALDF), un tipo de frecuencia corregida que muestra si una palabra está distribuida de manera uniforme en todo el corpus o si sus ocurrencias están concentradas en una o pocas secciones del mismo. Cuanto más se acerque el cómputo de ALDF a la frecuencia absoluta de una palabra, más uniforme es su distribución en el corpus. El cálculo de ALDF evita que los resultados se vean excesivamente influenciados por una alta concentración de la palabra en una parte del corpus, y se distingue del cálculo ARF por basarse en la distancia entre los elementos de búsqueda.

Junto a estas técnicas de dispersión, mencionemos los numerosos recursos en línea para la visualización de datos que pueden ser de utilidad para los investigadores, tanto para el análisis discursivo como para la presentación de resultados. Algunos de estos recursos están integrados en los programas de concordancias mencionados previamente. Sin embargo, Anthony (2018: 208) destaca varias fuentes externas que también pueden ser de interés en la Lingüística de Corpus (LC). Un sitio web destacado es *The Data Visualisation Catalogue* creado por el diseñador gráfico Severino Ribecca[10]. Por otro lado, Christian Tominski y Wolfgang Aigner ofrecen un sitio web complementario a su libro de 2011 llamado The TimeViz Browser.[11] Dado que estas herramientas de visualización son muy populares, muchas de ellas gratuitas, no le será difícil al interesado encontrar herramientas similares en Internet.

---

[10]   https://datavizcatalogue.com/ES/
[11]   https://browser.timeviz.net/

Capítulo 5
Análisis discursivo de valores noticiosos (ADVN)

I. **EDAC Y EL ANÁLISIS DISCURSIVO DE VALORES NOTICIOSOS**

Toda investigación discursiva en EDAC con un enfoque crítico parte de una pregunta o preguntas de investigación relacionadas con preocupaciones de carácter social de distinta índole y de un marco teórico y metodología que permitirán al investigador responderlas cuando el corpus sea interrogado. Conviene recordar que entre los postulados y principios de la Análisis Crítico del Discurso (ACD) la lengua se entiende como fenómeno social y que las instituciones y grupos sociales tienen significados y valores específicos que se comunican o transmiten a través del lenguaje.

En este capítulo y el siguiente nos proponemos realizar una exploración práctica de la construcción discursiva de la Violencia de Género (VdG) en la prensa española en el período 2015-2020 por parte de periódicos nacionales de prestigio. Es conveniente comenzar introduciendo el marco teórico que proponemos: el Análisis Discursivo de Valores Noticiosos (ADVN) (i. 'Discursive Analysis of News Values'). Este planteamiento teórico fue utilizado por primera vez en español y aplicado a la prensa española en un análisis del turismo y la turismofobia durante el verano de 2017 publicado por Fuster-Marquez & Gregori-Signes (2019).

El Análisis Discursivo de Valores Noticiosos (ADVN) es un desarrollo reciente en los estudios críticos del discurso que propone al investigador analizar las noticias de prensa de manera cualitativa o a través de un modelo de EDAC que combine el análisis cualitativo con la cuantificación. El modelo de análisis que proponemos en estas páginas incorpora técnicas de la Lingüística de Corpus (LC) descritos en el capítulo 4.

La autoría de este marco corresponde a Bednarek & Caple. La descripción con aplicaciones prácticas se encuentra en numerosas publicaciones que han visto la luz en época reciente, destaquemos particularmente Bednarek & Caple (2014, 2017), Bednarek et al. (2021), Bednarek (2016b, 2019), Caple (2018), Caple, Huan

& Bednarek (2020) o Potts *et al.* (2015). Los estudios de Maruenda-Bataller (2021), Santaemilia (2021), Fuster-Márquez & Gregori-Signes (2021) y Fuster-Márquez (2022) hacen uso de ADVN en su análisis de la Violencia de Género en la prensa española, británica y americana.

Brevemente, el modelo ADVN tiene como objetivo mostrar la construcción discursiva de los valores noticiosos en la prensa. El enfoque es, por consiguiente, construccionista (véase Bednarek & Caple, 2014) dado que se entiende que el relato noticioso se construye o establece dentro del discurso, y que no existe fuera del mismo (véase capítulo 3). En esta propuesta son importantes los términos y conceptos de *noticiabilidad* (i. 'newsworthiness') y *valores noticiosos* (i. 'news values'), ampliamente conocidos por los estudiosos del periodismo y de los medios de comunicación.

Son muchas las referencias que encontramos entre los lingüistas y analistas del discurso a esta peculiaridad de las noticias de prensa. Así, por ejemplo, Fowler (1991: 11) indicaba que los acontecimientos reales no son intrínsecamente noticiables y que solo se convierten en 'noticias' cuando son escogidos para su inclusión en los relatos de noticias según procesos convencionales de selección que se denominan valores noticiosos. Por su parte, Bell (1991: 156, 212) argumenta que la narrativa periodística se basa en valores noticiosos específicos, lo que la aleja de ser un vehículo imparcial. Por lo tanto, la producción de noticias no es un proceso neutral, a pesar de la arraigada creencia en la objetividad del periodista (véase § 2.5.).

Ha habido un debate significativo sobre el significado de 'valores noticiosos'. Tradicionalmente, los estudiosos de la comunicación y del discurso han considerado que dichos valores son inherentes al acontecimiento, es decir, que el evento en sí mismo es portador de estos valores. En cuyo caso, el periodista simplemente intervendría para trasladar el evento a su relato (véase discusión en Bednarek & Caple 2017). Esta visión resulta problemática desde una aproximación crítica del discurso que concibe cualquier discurso, incluido el relato noticioso, como una construcción que requiere la intervención de un emisor, el periodista, o bien el periodista y el medio. Según explican Caple & Bednarek (2014: 139), el enfoque de ADVN es constructivista y asume que es difícil determinar la noticiabilidad como inherente de un evento; los eventos se convierten en noticiables cuando sus valores noticiosos son construidos por parte de los medios. Además, ello significa que mientras algunos valores noticiosos pueden ser resaltados, otros pueden verse relegados en el relato. Por consiguiente, discursivamente, asumiremos que la noticia en la prensa diaria se construye de acuerdo con estos valores noticiosos (cf. Hartley 1982, Tunstall 1996, Molina Jácome *et al.* 2018, De Maeyer 2020), y en combinación con otros elementos multimodales (aunque mencionados con anterioridad, no serán objeto de análisis en este estudio), tales como las imágenes, la tipografía, el formato, etc. (Bednarek &

Caple, 2014: 139, Caple 2018). Dichos valores noticiosos reflejan valores y actitudes sociales (Bell 1991: 156, Hartley 1982: 80-83) que pueden ser compartidos por los productores de noticias (los profesionales del medio) y los destinatarios (Van Dijk 1988a: 119, véase también Fairclough 1992).

II. Los valores noticiosos

Los expertos en la comunicación periodística coinciden en atribuir a Walter Lippmann (1922 [1965]) como uno de los pioneros en sugerir atributos o convenciones en la selección de noticias. Estas convenciones, sin embargo, no se formalizaron hasta la publicación del influyente estudio de Galtung & Ruge *The Structure of Foreign News* (1965), donde los autores describen los *factores noticiosos* en noticias de prensa. Galton & Ruge identificaron y propusieron una lista de doce factores: frecuencia, umbral, falta de ambigüedad, significado, consonancia, carácter inesperado, continuidad, composición, referencia a naciones de élite, referencia a personas de élite, personificación y negatividad. Según Galtung & Ruge, los factores noticiosos en los relatos son acumulativos, de modo que la noticiabilidad de un relato se verá incrementada cuantos más factores noticiosos se cumplan (véase también Bell 1991: 160, Caple & Bednarek 2016: 436, De Maeyer 2020: 110).

No hay unanimidad en la literatura sobre qué valores deben considerarse exactamente como noticiosos, y por ello tampoco existe una cifra convencionalmente admitida entre los estudiosos, entre otras razones, según De Maeyer (2020) por la existencia de tensiones ontológicas y epistemológicas en los estudios de periodismo. Se han publicado diferentes taxonomías de estos valores, lo que sugiere, afirma De Maeyer (2020), que la propia noción de valor noticioso es confusa. Caple & Bednarek (2016: 438, citadas por De Maeyer 2020: 111-112, véase también Fourie 2001: 118-119) identifican tres categorías de VN: (1) valores reales de las noticias, (2) preocupaciones relacionadas con la redacción y (3) factores de selección, es decir, cualquier factor que influya en si una historia se publica o no, como la presión comercial, la disponibilidad de reporteros o los plazos.

Mientras que una tradición sobre estudios periodísticos trata de identificar las cualidades necesarias para que un acontecimiento sea noticiable, otros estudios adoptan una perspectiva socio-constructivista, con el argumento de que los acontecimientos son, al menos en parte, construidos por los periodistas y las fuerzas que influyen en ellos. En este contexto, buscar «cualidades» inherentes en los acontecimientos carecería de sentido. Numerosos trabajos clásicos han adoptado esta perspectiva socio-constructivista (por ejemplo, De Maeyer 2020: 115 cita a Molotch & Lester 1974 o Tuchman 1978), sosteniendo que los acontecimientos no existen realmente por sí mismos, sino que son, al menos en parte, construidos por los periodistas.

Bell (1991: 4) señala que los países del hemisferio norte dominan la investigación sobre los medios de comunicación, así como la producción de contenidos mediáticos, especialmente a través de material en inglés, lo cual tiene su efecto en las consideraciones sobre la noticiabilidad. Van Dijk (1988: 41) sostiene que los valores noticiosos que conocemos son un producto cultural occidental, establecidos y mantenidos por periodistas de países desarrollados y que, con frecuencia, han sido adoptados por países en desarrollo de manera reticente debido a la ausencia de alternativas que pudieran aplicarse de manera independiente.

Anastasiou (2016, véase también Anastasiou 2017) repasa las diferencias y semejanzas entre las clasificaciones de valores noticiosos ofrecidas por distintos autores. En el ámbito hispano, menciónese Villafañe et al (1987), o Igartúa & Humanes (2004). Por su parte, Marqués Pascual (2015) incluye, además, una discusión de dichos valores en el ámbito hispano (véase también Molina Jacomé *et al.* 2018 y Gumiel 2021). Nótese que, debido a la confusión generada en torno a la conceptualización de factores noticiosos en la literatura, no consideraríamos muchos de ellos como valores noticiosos (VN) en el marco del ADVN que proponemos. Por ejemplo, la claridad expositiva, la exclusividad, el equilibrio, la curiosidad, o la calidad de las imágenes, mencionados por distintos autores en la literatura, seguramente son de interés para los periodistas y los medios en otro nivel de análisis, pero no constituirían los VN que debamos atender en nuestro análisis discursivo del texto de lasnoticias.

Si bien hemos recurrido a distintas fuentes, la clasificación que hemos adoptado en nuestro análisis está basada en diez categorías propuestas por Bednarek & Caple (2014, 2017), Caple & Bednarek (2016), Bednarek (2016a, 2016b). En un estudio comparativo, Bednarek (2016a) describe similitudes y diferencias entre las clasificaciones de VN ofrecidas por van Dijk (1988b), Bell (1991) y Montgomery (2007) con su propia clasificación (véase también Harcup & O'Neill 2016). La Tabla 4 ofrece una descripción resumida de las mismas. Aunque nos refiramos asiduamente a valores, éstos, en realidad, deben ser interpretados como variables categóricas en nuestro análisis discursivo.

Valor Noticioso	Descripción
Actualidad	El acontecimiento es construido como reciente o a punto de producirse en el momento de ser publicado como noticia.
Autoridad/Notoriedad Pública	El acontecimiento se construye incorporando a las élites, personas con prestigio o notoriedad (políticos, científicos, instituciones, gobiernos, líderes, artistas, etc.). Si la noticia incluye a una autoridad o personaje público, el acontecimiento resulta más noticiable.
Conformidad	El acontecimiento se presenta como típico o estereotípico de naciones, países, organizaciones, etc. Los estereotipos están ligados a la cultura. Por consiguiente, a distintas culturas les corresponderán distintos estereotipos. Por ejemplo, las nacionalidades suelen ligarse a estereotipos. Y los prejuicios pueden estar ligados a estereotipos, por ejemplo, en torno a los inmigrantes.
Impacto	Se construye el acontecimiento por sus consecuencias o impacto en las vidas de las personas o en los lectores destinatarios. El impacto puede ser material (económico), afectando a grandes grupos, corporaciones, o abstracto. Aquí se incluyen las subcategorías de progreso o desastre.
Magnitud/Superlatividad	El acontecimiento se construye en torno a su intensidad. El valor noticioso de un acontecimiento depende de sus dimensiones, de las consecuencias o efectos que conlleva o por el elevado número de personas afectadas.
Negatividad	La negatividad se considera 'el valor básico de las noticias' (Bell, 1991: 156). En el periodismo inglés se dice "if it bleeds, it leads" (Bednarek y Caple 2017: 60). El acontecimiento se construye negativamente en relación a aquello que implica sufrimiento humano. Se incluyen aquí, por ejemplo, actos terroristas, daños, accidentes, conflicto, corrupción, crisis (política, económica, etc.), confrontación, desastre, guerra, injusticia, etc. Sus opuesto es la positividad. Esta evaluación negativa puede atribuirse a un personaje público (la norma en la prensa de 'calidad') mediante cita, o bien ser expresada por el periodista.
Personalización	El acontecimiento se construye apuntando a gente ordinaria, al 'rostro humano'. Con interés en la gente ordinaria, sus emociones, experiencias, etc. Incluiría testigos oculares, supervivientes, etc. de hechos relatados. Su opuesto es valor noticioso de *autoridad o notoriedad pública*. Se excluye a las personas que hablan o actúan en nombre de una autoridad. Excluye también a militantes, terroristas o delincuentes.
Positividad	El acontecimiento se construye de forma positiva, por ejemplo un hallazgo científico o un acto heroico o altruista, el éxito en cualquier ámbito, una victoria, la paz, etc.
Proximidad	El acontecimiento se presenta como cercano a la audiencia. La cercanía puede ser geográfica, cultural o empática. Cuanto más cercano sea el acontecimiento, más nos afecta y, por tanto, más nos interesará.
Sorpresa	El acontecimiento se construye alrededor de acontecimientos inusuales, raros, extraordinarios. Incluiríamos aquí por tanto lo novedoso.

Tabla 4. Valores noticiosos (adaptación de Bednarek & Caple 2017)[1]

---

[1] Esta tabla se publicó originalmente en Fuster-Márquez & Gregori-Signes (2019: 202).

La clasificación de estos valores noticiosos en Bednarek y Caple (2017) está basada en estudios y propuestas previas, lo que les ha llevado a reducir el número de valores a aquellos que hemos recogido en esta tabla. Dentro de cada uno de estos valores principales, también es posible establecer subdivisiones que por falta de espacio no detallaremos aquí.[2]

Puede decirse que el titular y la entradilla son las secciones más noticiables del relato de noticias, y por ello, no resulta difícil encontrar en estas dos secciones ejemplos de indicadores de los VN descritos en la Tabla 4. A continuación, ilustramos cada uno de estos VN con ejemplos extraídos de noticias españolas recientes. Todos estos ejemplos citados se encuentran en titulares de noticias publicadas en diarios nacionales y regionales con fecha del 6 de septiembre de 2024. Hemos subrayado la expresión lingüística (i. 'pointer') que los construye y comentamos brevemente su función discursiva en cada uno de los relatos:

1. **Actualidad** (i. 'timeliness'): ligado al momento de publicación

   [1] *El Govern denuncia que el pacto fiscal con Cataluña tendrá «consecuencias negativas para Baleares»* [Diario de Mallorca]

El uso del verbo en presente «denuncia» indica que el acto está ocurriendo o acaba de socurrir.

2. **Notoriedad** (i. 'eliteness'): de alto status, mención de personalidades

   [2] *Illa replica a la ultra Sílvia Orriols: «Usted no es nadie para dar lecciones de quién es catalán y quién no»* [eldiario.es]

Los vocablos subrayados son los nombres propios *Illa* y *Silvia Orriols*, ambos personajes políticos pertenecen a la élite política catalana. El recurso a élites o celebridades es muy habitual en las noticias de prensa.

3. **Conformidad** (i. 'consonance'): habitual o estereotípico

   [3] *La moda valenciana sigue dividida: muchas pasarelas para pocos diseñadores* [Las Provincias]

Expresiones como el verbo «sigue» implican continuidad o reiteración, o sirven para expresar estereotipos que construyen este valor discursivo.

---

[2] Invitamos al lector interesado a consultar una descripción muy detallada de cada uno de estos valores en la obra citada de Bednarek & Caple (2017). Nótese también que en publicaciones anteriores de estas autoras no se mencionan diez valores, sino nueve, la 'Positividad', por ejemplo, no figuraba en ellas.

4. ***Impacto*** (i. 'impact'): que tiene importantes consecuencias

> [4] *El verano de 2024 ha sido el más caluroso en el planeta desde que hay registros* [El País]

Las expresiones «el más caluroso en el planeta» y «desde que hay registros» son claros indicadores de impacto negativo que el calor excesivo (probablemente achacable alcalentamiento global) puede tener en las vidas de las gentes a escala mundial.

5. ***Magnitud/superlatividad*** (i. 'superlativeness'): de alta intensidad, grandes proporciones

> [5] *Dueños de fincas han recibido ya en tres años 415.000 avisos para limpiarlas y prevenirlas del fuego* (la Voz de Galicia)

Es común que los periodistas expresen la superlatividad con numerales y otras expresiones de cantidad, sobre todo para denotar grandes cantidades odimensiones. En este caso, el VN se construye con un numeral de cientos de miles, lo que da relevancia a los avisos recibidos por los dueños de fincas.[3]

6. ***Negatividad*** (i. 'negativity'): aspectos negativos

> [6] *Soldados israelíes matan a tiros a una activista estadounidense en Cisjordania* [El Confidencial]

El sintagma verbal «matan a tiros» construye este valor discursivo de negatividad. Guerras, catástrofes, accidentes, asesinatos, etc., característicos de las noticias duras, presentan altos índices de noticiabilidad.

7. ***Personalización*** (i. 'personalization'): alusión a la gente corriente

> [7] *Habla el padre del joven fallecido en el accidente de El Musel: «Ningún padre quiere enterrar a su hijo y menos si tiene 23 años»* [La Nueva España]

Este VN se opone al de Notoriedad. El periodista hace uso del nombre común «padre del joven», en lugar de su nombre propio, preferido cuando hay que mencionar a autoridades o celebridades. En esta construcción de un ciudadano común se destaca simplemente la relación paterna con la víctima del suceso.

---

[3] Podría conjeturarse que el ejemplo anterior para el VN Impacto construiría también el VN de Superlatividad explicitado por la expresión del superlativo «el más caluroso...».

8. **Positividad** (i. 'positivity'): aspectos positivos.

> Ej. 8. *Europa concluye que <u>los beneficios</u> del Nolotil superan a sus riesgos* [El Mundo]

Este VN se opone a la Negatividad. El sustantivo «beneficios» aplicado al medicamento *Nolotil* es positivo, según el informe europeo. Es corriente su uso en noticias sobre medicina, salud, etc.

9. **Proximidad** (i. 'proximity'): cercanía geográfica, también cultural.

> [9] *El aumento de robos por ladrones pincha ruedas pone en alerta <u>la AP-7</u>* [La Vanguardia]

La autopista AP-7, que circula desde la frontera francesa y recorre la costa mediterránea, es un lugar reconocible en el ámbito español, por lo tanto, construiría el VN de proximidad o cercanía.

10. **Sorpresa** (i. 'unexpectedness'): aspectos inesperados.

> [10] Descubren un <u>sorprendente</u> 'fallo cósmico' en la gravedad del Universo [ABC]

Los descubrimientos científicos suelen emplear indicadores de VN de sorpresa, casos raros, excepciones, como este «fallo cósmico» que recibe el calificativo de «sorprendente».

III. PROPUESTA DE FASES DE INVESTIGACIÓN DE ADVN CON CORPUS

Como se habrá observado, no resulta difícil identificar estos valores en el discurso periodístico. En un buen número de ocasiones estos indicadores de VN consisten en vocablos o frases que pueden ser fácilmente detectables con técnicas de LC. Ello nos conduce a reformular las fases de una posible investigación en EDAC que describimos en §4.6 para adaptarlas a este nuevo marco. Reproducimos en la Tabla 5 una propuesta de investigación potencial de ADVN con corpus formulada por Caple & Bednarek (2014: 142), en cuyo estudio las autoras ejemplifican con casos concretos los VN y sus indicadores potenciales.[4]

---

[4] Para comodidad de los lectores me he tomado la libertad de traducir esta sugerente tabla al español.

1. Análisis de formas de palabras frecuentes, lemas, grupos, incluido el análisis de dispersión y análisis cualitativo mediante concordancia y/o vista de texto.

2. Análisis de categorías gramaticales en un corpus etiquetado morfosintácticamente: análisis de aquellas categorías asociadas a la construcción de un valor noticioso particular (por ejemplo, pronombres personales → *Personalización; Proximidad*; adverbio comparativo/ superlativo, número, grado → *Magnitud*; nombres propios → *Personalización; Notoriedad*; marcadores de tiempo y de aspecto; adverbios de tiempo → *Actualidad*, etc.), incluyendo el análisis de dispersión y el análisis cualitativo utilizando la herramientas de Concordancia/Vista de texto.

3. Análisis de los significados de las palabras a partir de un corpus semánticamente etiquetado: análisis de categorías asociado con la construcción de un VN particular.

4. Análisis de palabras clave en relación con 1-3, con la ayuda de un corpus de referencia adecuado y/o comparación utilizando listas de frecuencia clasificadas (buscando grandes diferencias de rango).

5. Análisis de colocaciones y frases en torno a palabras significativas (p. ej., palabras asociadas con el tema del corpus).

6. Análisis manual de un subconjunto del corpus para identificar recursos adicionales que construyan VN.

7. Análisis cuantitativo y cualitativo de todo un corpus con recursos adicionales.

Tabla 5. Posibles etapas de investigación en ADVN con corpus (trad. de Bednarek & Caple 2014: 142)

La investigación realizada por Potts *et al.* (2015) en torno a los devastadores efectos del Huracán Katrina en la prensa estadounidense, utilizando el marco ADVN sobre un corpus de 36,736,679 palabras, procedentes de 41,964 textos, ofrece un análisis exhaustivo a gran escala. Esta investigación emplea múltiples herramientas sobre un corpus etiquetado morfosintáctica y semánticamente.

Se ha podido comprobar, no obstante, que no es posible ni deseable proporcionar una lista cerrada de recursos lingüísticos o indicadores (i. 'pointers»). Tal y como indican Potts *et al.* (2015: 168), son muchos los elementos lingüísticos que podrían constituir indicadores de dichos valores en los textos, desde formas de palabra, pasando por lemas, frases e incluso oraciones. No obstante, lo fundamentalmente relevante aquí es que la aplicación de técnicas de corpus contribuye de manera muy eficaz a identificar un gran número de elementos léxicos convencionalmente utilizados por los periodistas en la construcción discursiva de sus relatos.

Para la identificación de recursos léxicos, los listados de frecuencias, haciendo uso de todo su potencial, a través de corpus anotados, es sumamente útil, al menos como un primer estadio en la investigación en ADVN. Pero si lo que se desea es identificar unidades fraseológicas que construyen valores noticiosos, puede recurrirse a la técnica de engramas, centrando la atención en las agrupaciones más frecuentes o en aquellas que sean clave. La identificación de unidades más amplias, a nivel oracional, requieren visualizar un co-texto más amplio. La técnica de concordancias puede ser útil para este propósito; se puede incluso ampliar la visión a fragmentos textuales más amplios. En otras palabras, sólo un análisis de carácter cualitativo, más pegado a la singularidad de los textos, es capaz de detectar todos los VN posibles.

Tengamos en cuenta también que, normalmente, en los estudios de ADVN mediante corpus nos interesa obtener patrones suficientemente recurrentes en el uso de estos VN en el género de noticias, y a través de estos internamente examinar qué preferencias semánticas, pragmáticas o discursivas contribuyen a perfilar o construir la narración del periodista sobre el tema elegido. Finalmente, adviértase que, en muchas ocasiones, no resulta fácil adscribir un indicador lingüístico a un único VN. Varios estudios han demostrado que existen solapamientos de valores noticiosos (véase Bednarek & Caple 2017, Bednarek *et al.*, 2021, Fuster-Márquez, 2022).

IV. ENFOQUES MONOMODALES Y MULTIMODALES EN ADVN

No desearía finalizar este capítulo en torno a ADVN y análisis potenciales proponiendo la topología mostrada en la Figura 9 para el análisis semiótico de las noticias de prensa. Téngase en cuenta que en nuestra descripción de valores noticiosos, nos hemos referido únicamente a aquellos plasmados en los textos, y no a otros, como los visuales, que exigen un análisis multimodal. Los elementos visuales los encontramos en las imágenes, fotografías o vídeos, etc., que habitualmente acompañan a los relatos. A este respecto, en su tabla de VN (Bednarek & Caple 2017: 55) mencionan el valor noticioso *Atractivo Estético* (i. 'aesthetic appeal'), que es aplicable a estos elementos visuales.

En la Figura 9, Bednarek & Caple (2007) toman prestado el término 'topología' de Martin & Matthiessen (1991) para referirse a unas distinciones taxonómicas que son escalares o graduales, en vez de absolutas o categóricas, en los estudios discursivos. Según estas autoras, el analista puede colocarse en cuatro «zonas de análisis», lo que le permite situar su estudio en la zona más adecuada en cada fase. Esta representación es particularmente útil para mostrar gráficamente las aproximaciones elegidas de acuerdo con la modalidad y los elementos semióticos que se desean investigar.

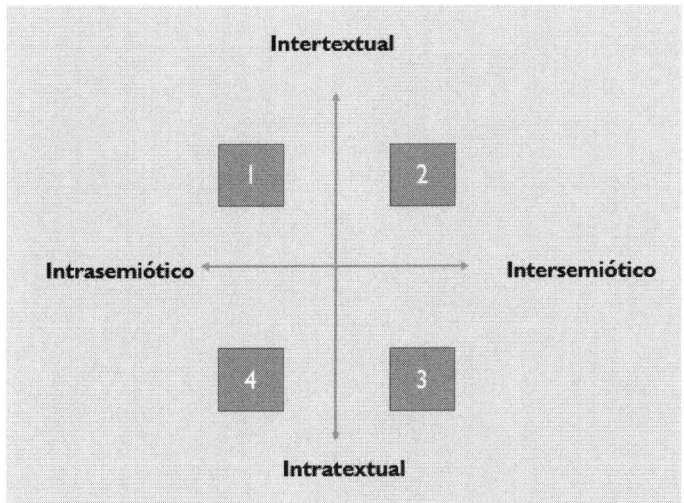

Figura 9. Topología: Zonas de análisis de la noticia (adaptado Bednarek & Caple 2017: 10)

Las posibles combinaciones presentadas en esta topología nos muestran dos potenciales enfoques analíticos, monomodal o multimodal, y dos aproximaciones semióticas, intrasemiótica o intersemiótica. Así, por ejemplo, si se escoge la zona izquierda inferior (zona 4), ello significa que el investigador se interesaría únicamente en el texto de la noticia, por lo que su enfoque sería a la vez intrasemiótico (un modo semiótico) e intratextual (un texto).

Otros investigadores pueden optar por centrarse en una combinación semiótica adoptando un enfoque intersemiótico. Por ejemplo, al analizar imágenes y narración textual de múltiples noticias (intertextual), los investigadores se situarán en la zona superior derecha (zona 2) de esta topología, mostrando la intención de analizar lo que Kress (2010) denomina 'ensamblaje modal' del discurso.

Esta topología reconoce la complejidad de elementos que forman parte de los artículos de prensa como consecuencia de la integración creciente de una más amplia gama de elementos semióticos, por ejemplo, los videos incrustados, que contienen elementos visuales y auditivos, etc. (véase Caple 2018: 105-106). Sin embargo, el tratamiento que presentamos en el último capítulo de esta monografía se centra exclusivamente en los aspectos textuales de la noticia utilizando técnicas de LC. Su enfoque es a su vez monomodal e intrasemiótico. Al tratarse de un análisis que abarca un amplio número de textos, este enfoque es además de carácter intertextual. Por tanto, dicha aproximación se corresponde con la zona 1 de la representación topológica (Fig. 9).

Capítulo 6
La Construcción de la Violencia de Género
en la prensa española actual

I. **La Violencia de Género: contextualización**

El caso práctico que describimos en este último capítulo es el de la construcción mediática de la Violencia de Género (VdG), centrado en el estudio de todas las noticias de prensa española pertenecientes a tres periódicos nacionales españoles que se encuentran entre los más influyentes, *El País*, *El Mundo* y *ABC*, publicadas entre los años 2015 y 2020. Dicho estudio se basa en gran medida en el corpus creado por el grupo de investigación NEWSGEN de la Universitat de València como parte del proyecto de investigación *News Values and Ideology: The Discursive, Cross-cultural Construction of Gender and Social Inequalities in (Digital) Press through Online, Real Time Corpus Linguistic Tools. The Gender Gap Tracker and Kaleidographic* (Ref. PID-2019-110863GB-100) financiado por MCIN.

Entre otros trabajos publicados sobre esta temática desde el marco de ADVN destacamos las contribuciones más recientes de Santaemilia (2021), Maruenda-Bataller (2021), Fuster-Márquez & Gregori-Signes (2021) y Fuster-Márquez (2022). Todos ellos, incluyendo las investigaciones de Gregori-Signes (2022), Gregori-Signes (2023), tratan distintos aspectos de la 'Violencia de Género' (i. 'Gender-based Violence') o 'Violencia contra la Mujer' (i. 'Violence Against Women').

La voluntad de acabar con esta violencia sistémica es uno de los objetivos políticos y sociales propuestos por la ONU. En concreto, el Objetivo 5 de la Agenda 2030 para el Desarrollo Sostenible de las Naciones Unidas destaca la necesidad de que los países hagan un esfuerzo para lograr la igualdad de género y el empoderamiento de las mujeres y las niñas (Dhar 2018). La erradicación de la violencia contra las mujeres (cf. 5.2, Naciones Unidas, 2015) figura entre los grandes desafíos señalados como parte de este Objetivo 5.

La violencia de género o violencia machista, de la cual se ha ocupado la prensa recogida en nuestro corpus es una lacra que sufren niñas y mujeres a escala global.

Lazar (2018: 278) considera necesario adoptar una perspectiva transnacional en los estudios de Análisis Crítico del Discurso Feminista que reconozca y cuestione los patrones discursivos que sostienen las ideologías de género tanto a nivel local como global. Por consiguiente, aunque nuestro estudio se circunscribe al análisis del tratamiento de la prensa del territorio español, el compromiso social y político, así como la perspectiva, tienen en cuenta esta dimensión transnacional de la violencia machista, dado que afecta a las mujeres y niñas de todas las naciones sin excepción.

Un informe reciente de ONUMUJERES[1] señala que, a escala mundial, alrededor de 736 millones de mujeres –una de cada tres– ha sufrido alguna vez en su vida violencia física o sexual por parte de sus cónyuges, exmaridos, parejas o exparejas (sin incluir la violencia psicológica). En algunos países, la violencia de género ejercida contra las mujeres alcanza el 70 por ciento. Las cifras manejadas en esta publicación anteceden a los efectos de la pandemia de COVID-19 y no informan sobre las consecuencias que pudieron ocasionar las restricciones a la movilidad o los confinamientos. A nivel mundial, destaca dicho informe, la violencia contra las mujeres afecta de forma desigual a los países y regiones. Los países con ingresos bajos sufren mayor VdG, por lo que las desigualdades económicas y la VdG guardarían una relación estrecha. Por su parte, el publicado por Castillejo (2018) recoge la ignominiosa clasificación de los 20 países con mayor nivel de VdG a escala mundial. Esta clasificación está encabezada por India, Siria y Paquistán. La lista la cierran tres países occidentales: Dinamarca, Finlandia y EE. UU. En lo referente a Europa, según un informe más reciente publicado por ONU Mujeres[2]:

> una de cada 10 mujeres de la Unión Europea ha sufrido ciberacoso desde los 15 años, lo que incluye haber recibido correos electrónicos o mensajes SMS no deseados, sexualmente explícitos u ofensivos, o contactos inapropiados y ofensivos en las redes sociales.

La Agencia de Derechos Fundamentales de la UE considera que la Violencia de Género vulnera el artículo 4 de la Carta de Derechos Fundamentales de la UE. Asimismo, la directiva 2011/99/UE aprobó la Orden Europea de atención a las víctimas de género, así como a otras víctimas.

Suscribimos, como autorreflexión y compromiso (véase Griffin 2017) las palabras de Lazar (2018: 374, véase también Lazar 2005) sobre la necesidad de incrementar la conciencia crítica a través de la investigación, entendida como forma

---

[1] Informe extraído de https://www.unwomen.org/es/what-we-do/ending-violence-against-women/ facts-and-figures. Última consulta septiembre 2023.

[2] https://www.unwomen.org/es/what-we-do/ending-violence-against-women/facts-and-figures. Dicho informe está basado en Agencia de los Derechos Fundamentales de la Unión Europea (2014). Violencia de género contra las mujeres: una encuesta a escala de la UE (https://fra.europa.eu/sites/default/files/fra-2014-vaw-survey-at-a-glance-oct14_es.pdf) pág. 104.

de acción, y como contribución a un cambio de actitudes sociales que afecta a hombres y mujeres. Según Lazar (2018), la violencia de género es un fenómeno complejo que se perpetúa a través de diversas prácticas discursivas, las cuales legitiman la violencia masculina y reproducen las desigualdades de género. Diversos estudios sobre este tema muestran cómo la culpabilización de la víctima, arraigada en normas socioculturales, y la mitigación de la culpa del agresor, funcionan como lógicas discursivas transculturales y translocales que sostienen estas prácticas (vid Clark 1992, Ehrlich 2001, Zurbano Berenguer 2012, Menéndez Menéndez 2014 o Bartley 2021). Easteal *et al.* (2022) interpretan que, en este contexto, la prensa tiene una gran responsabilidad como forjadora de percepciones y opiniones, ya que sus publicaciones pueden ser tendenciosas al informar sobre la VdG, por ejemplo, al tratar la atribución de la culpa o no contextualizar esta problemática de manera adecuada.

A continuación, detallaremos los procedimientos que hemos seguido en el presente estudio sobre la VdG en la prensa española reciente. Por ello, en primer lugar, describiremos el corpus de NEWSGEN y las decisiones tomadas en torno a su diseño.

II. El corpus NEWSWGEN_VAW

El término NEWSGEN_VAW hace referencia al corpus de prensa diseñado por un grupo de investigadores de la Universitat de València liderado por José Santaemilia, y cuyos miembros son Carmen Gregori Signes, Sergio Maruenda Bataller y Miguel Fuster Márquez. Este grupo de investigación se centró en la temática de la Violencia de Género, que en inglés se denomina *Violence against Women* y se abrevia como VAW. Como indicamos anteriormente (véase § 4.5.2.), la selección adecuada de palabras y frases clave (semilla) en la recopilación textual es crucial para compilar todos aquellos textos periodísticos que inciden en la temática objeto de estudio. En un tipo de investigación que involucra distintas lenguas y países es necesario asegurarse de escoger aquellas palabras semilla que sean equivalentes semántica y pragmáticamente. En este caso, NEWSGEN_VAW reúne tres idiomas (español, inglés y catalán) y tres países (España, el Reino Unido y Estados Unidos). Esto facilita el análisis contrastivo, intercultural, interlingüístico en el estudio sincrónico y diacrónico. La observación mediante la lectura atenta de la prensa diaria y cotejo de estudios previos sobre la VdG llevados a cabo por Santaemilia & Maruenda-Bataller (2013, 2014) fueron esenciales para la elaboración de la propuesta final de palabras semilla presentes en los artículos de prensa en torno a la Violencia de Género.

Con todo, entendemos que pueda haber algunas ausencias, quizá inevitables, por muy exhaustivo que pudiera ser este listado. La base de datos *Factiva* fue utilizada para la introducción de este listado y la descarga de textos que cumplieran con estos criterios de selección en las tres lenguas del corpus, a saber, inglés, español y catalán.[3] En el caso de la prensa española, sobre la cual se basa el análisis EDAC que proponemos en este capítulo, las palabras y expresiones semilla introducidas fueron las mostradas a continuación:

> «violencia de género» OR «violencia machista» OR «violencia doméstica» OR «violencia doméstica» OR «asesinato machista» OR «asesinatos machistas» OR «crimen machista» OR feminicidio OR feminicidios OR «crimen pasional» OR «crímenes pasionales» OR «crimen sexista» OR «crímenes sexistas» OR «violencia sexista» OR «violencias sexistas» OR «mujer maltratada» OR «mujeres maltratadas» OR «mujer asesinada» OR «mujeres asesinadas» OR «violencia contra la mujer» OR «violencia contra las mujeres» OR «crimen machista» OR «crímenes machistas»

El único operador booleano de la plataforma *Factiva* que utilizamos fue OR, el cual busca diferentes opciones, donde cualquiera de ellas es aplicable. Además, impusimos unos criterios de selección a fin de conseguir una muestra discursiva manejable en lo que iba a constituir, en cualquier caso, un corpus de grandes dimensiones. He aquí los criterios principales que se introdujeron desde *Factiva* para el género prensa y noticias[4]:

1. *Lenguas*: inglés, español y catalán.
2. *Países*: España, Reino Unido y EE.UU.
3. *Número de diarios*: todos los artículos de tres periódicos nacionales de calidad contrastada por país, consultando previamente encuestas sobre niveles de circulación/audiencia.
4. *Período*: todos los períodos de la era actual desde que hubiera registros y disponibilidad en la base de datos *Factiva* hasta el 31 de diciembre 2020.
5. *Muestra textual*: textos íntegros.

El corpus resultante fue filtrado para eliminar textos duplicados. Por ejemplo, el mismo artículo podía corresponder a diferentes ediciones el mismo día. También se filtró todo posible ruido que pudiera distorsionar los resultados de nuestros análisis. Posteriormente, este corpus textual (Tabla 6) fue anotado y convertido a XML a fin de cargarlo a la plataforma *Sketch Engine* para su análisis con herramientas de corpus.[5]

---

[3] La información general sobre la base de datos *Factiva* se encontrará en https://www.dowjones.com/professional/resources.

[4] Adviértase que *Factiva* no distingue con precisión qué es o no es noticia. Resolver esta cuestión fue labor de los investigadores.

[5] La investigadora Carla Fernández Melendres, del grupo *Tecnolengua* (Universidad de Málaga) se ocupó de la descarga, conversión a XML del Corpus NEWSGEN y de introducir los criterios de anotación acordados.

PAÍS	DIARIO	AÑOS	ARTÍCULOS	TÓKENS	PALABRAS	PALABRAS/ARTÍCULO
EE.UU	Boston Globe	1987-2020	9.065	9.421.687	7.883.912	870
EE.UU.	New York Times	1980-2020	9.243	11.544.100	9.659.914	1.045
EE.UU.	Washington Post	1977-2020	7.992	10.044.341	8.404.935	1.052
Corpus US			26.300	31.010.128	25.948.761	987
R.U.	Daily Telegraph	2000-2020	2.209	1.686.959	1.431.972	648
R.U.	The Guardian	1986-2020	10.729	15.287.037	12.976.453	1.209
R.U.	The Times	1985-2020	4.817	4.485.931	3.807.884	791
Corpus UK			17.755	21.459.927	18.216.309	1.026
ESP	ABC	1997-2016	13.056	7.288.477	6.312.549	483
ESP	El Mundo	1995-2020	8.126	6.420.942	5.561.175	684
ESP	El País	2001-2020	11.955	7.457.408	6.458.865	540
Corpus SP			33.137	21.166.827	18.332.589	553
CA	Diari Ara	2013-2020	2.580	2.051.241	1.756.476	681
CA	El Periódico	2014-2020	2.681	1.801.817	1.542.895	575
CA	La Vanguardia	2013-2020	2.584	1.553.528	1.330.284	515
Corpus CA			7.845	5.406.586	4.629.655	590
			85.037	79.043.468	67.127.314	789

Tabla 6. El Corpus general NEWSGEN_VAW

Con anterioridad a su incorporación a la plataforma de *Sketch Engine*, el corpus fue anotado considerando los siguientes criterios que podían extraerse fácilmente de *Factiva*, los cuales permiten análisis discursivos más selectivos:

1. Sección textual: (a) titular, (b) cuerpo de la noticia.
2. Diario de origen: (a) *El Mundo*, (b) *El País*, (c) *ABC*
3. Sección denominada en el diario: actualidad, ciencia, salud, etc.
4. Fecha de publicación: año, mes y día
5. Autoría de la noticia
6. Lengua: inglés, español, catalán
7. Posicionamiento ideológico del diario.[6]

Como queda reflejado en la Tabla 6, el Corpus general de NEWSGEN-VAW tiene más de 67 millones de palabras, correspondientes a más de 85,000 textos. Se trata de un corpus que ofrece a los investigadores la oportunidad de estudiar la temática de VdG en la prensa a distintos niveles, siguiendo las propuestas analíticas descritas para el discursivo sincrónico y diacrónico en EDAC, propias de los corpus descritos en inglés como MD-CADS (Partington 2010) (véase § 4.8.). Nótese que la plataforma *Sketch Engine* utilizada para nuestros estudios se encarga directamente de etiquetar

---

[6]   Este criterio fue añadido por los compiladores de NEWSGEN_VAW.

los corpus que se cargan en ella, lo cual hace posible realizar búsquedas mucho más selectivas y sofisticadas.

Dado que el corpus NEWSGEN_VAW es un corpus de prensa donde podemos encontrar artículos informativos, pero también de opinión sobre VdG, con el asesoramiento de las investigadoras Monika Bednarek y Helen Caple realizamos una selección textual de este gran corpus inicial con el objetivo de crear un nuevo corpus que contuviera únicamente aquellos textos que correspondían al género 'noticia' (incluyendo en él tanto noticias duras como noticias blandas). Descartamos secciones que no se correspondían con estos criterios.[7] En el caso de la prensa española, este nuevo subcorpus contiene aproximadamente 15 millones de palabras, correspondientes aproximadamente a 33,000 textos del género noticia.

El caso que me propongo analizar a continuación en este capítulo está basado en la selección textual mostrada por la Tabla 7. Se trata de un subcorpus de noticias de prensa española publicadas entre 2015 y 2020. Respecto a la representación topológica mostrada en §5.4., el presente estudio se correspondería con la zona 1 al ser intertextual e intrasemiótico. Como se puede observar en la Tabla 7 y la Figura 10, el número de artículos que se han publicado en este período que hacen referencia con mayor o menor profundidad a la VdG es numeroso. El diario *ABC* es el que aporta mayor número de artículos y palabras, seguido por *El País* y, finalmente, por *El Mundo*. Entre todos los diarios contamos con unos 8,800 textos de noticias en los que se menciona o se trata la VdG recogidos gracias a las palabras o expresiones semilla anteriormente indicadas.

Diario	**Período**	**Artículos**	**Tokens**	**Palabras**	**Palabras/Art**
ABC	2015-2020	4.064	2.286.053	1.991.196	490
El Mundo	2015-2020	1.854	1.561.911	1.344.965	726
El País	2015-2020	2.888	1.803.772	1.561.916	541
Total	2015-2020	**8.806**	**5.651.736**	**4.898.077**	**556**

Tabla 7. Subcorpus NEWSGEN-VAW de noticias españolas (2015-2020)

[7] En cualquier caso, seleccionar noticias de prensa es una tarea compleja y no está exenta de dificultades. Además, puede haber discrepancias razonables en torno a qué secciones de prensa incluir o excluir. Véase discusión en § 1.7.

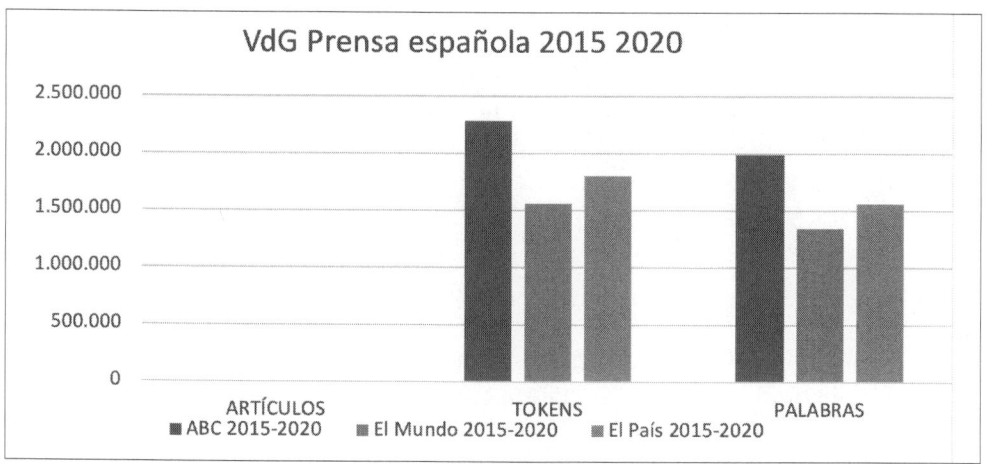

Figura 10. Gráfico representativo del subcorpus NEWSGEN-VAW de noticias españolas (2015-2020)

III. PROCEDIMIENTO ANALÍTICO

El período objeto de análisis en los tres diarios indicados corresponde al más reciente en el corpus. Dicho subcorpus se cargó en la plataforma *Sketch Engine* (véase Kilgarriff *et al.* 2014), que realizó automáticamente la tokenización, la lematización, el etiquetado morfosintáctico, etc. Además, *Sketch Engine* facilitó el uso de los metadatos mencionados en la sección anterior. Seguimos los procedimientos metodológicos de los EDAC (véase Partington 2004, 2008, Partington *et al.* 2013), adaptándolos al Análisis Discursivo de Valores Noticiosos (ADVN) (Bednarek & Caple 2014, 2017, Potts, Bednarek & Caple 2015, Fuster-Márquez & Gregori-Signes 2019; Maruenda-Bataller 2021, Fuster-Márquez 2022).

Estos procedimientos implican el uso de técnicas de corpus en varias etapas de la investigación, en las cuales la intervención directa del investigador es escasa, con el fin de ofrecer una cuantificación precisa. A continuación, comenzaremos este estudio con la técnica de palabras clave (ing. 'keyword analysis'). Tras la identificación de las palabras clave más significativas, procederemos también a extraer las fraseologías más frecuentes con la técnica paralela *Multiword Terms* de *Sketch Engine*. Para ambos apartados, extraemos los indicadores discursivos de valores noticiosos. Posteriormente, dirigimos nuestro análisis a la determinación y cuantificación de víctimas. En los distintos apartados de este estudio, verificamos los valores semánticos y discursivos de los indicadores identificados automáticamente por estas técnicas, y los agrupamos según su preferencia semántica, argumentando sobre su funcionalidad en las noticias de prensa españolas sobre violencia de género (VdG). El análisis concluye con una perspectiva sobre la utilidad del marco ADVN junto al empleo de técnicas de LC y se ofrece una valoración de los resultados obtenidos.

IV. Técnica de palabras clave

El primer paso consistió en aplicar la técnica de palabras clave (véase Scott 1997), es decir, extraer palabras que aparecen significativamente con mayor frecuencia en el corpus de estudio que en el corpus de referencia elegido. Esta técnica está automatizada y no requiere intervención humana una vez que el analista haya establecido los parámetros necesarios. Siguiendo el marco DNVA, Potts *et al.* (2015: 154) sugieren comenzar el análisis con listas de frecuencia o listas de palabras clave para identificar principalmente aquellos indicadores lingüísticos que potencialmente puedan establecer la noticiabilidad.

Cabe señalar, sin embargo, que la lista resultante de indicadores que hemos obtenido difiere de la lista que se habría obtenido a partir de una lista de palabras por frecuencia. Las palabras que exhiben una alta frecuencia en un listado de frecuencia pueden no calificarse como palabras clave. De hecho, las primeras palabras de una lista de frecuencia son, en su mayoría, palabras funcionales, de escaso valor en el análisis discursivo sobre la noticiabilidad que nos proponemos. En contraste con una lista básica de palabras ordenadas por frecuencia, la técnica de análisis de palabras clave acentúa las palabras cuya frecuencia tiene significancia estadística.[8] Este proceso resalta términos indicativos de temas o patrones cruciales en el corpus de estudio.

La Figura 11 es una captura de pantalla que muestra los parámetros elegidos por el investigador con la herramienta de palabras clave en *Sketch Engine*. Se compara el subcorpus NEWSGEN_VAW, que contiene solo textos de noticias de España en el período descrito en la Tabla 7, con el corpus esTENTEN 2018, que se utiliza como corpus de referencia. El corpus esTENTEN 2018, que se encuentra preinstalado en *Sketch Engine*, contiene aproximadamente 17 billones de palabras procedentes de textos de Internet que representan al español general. De este gran corpus, hemos seleccionado un subcorpus de dominio denominado 'European Spanish', que excluye aquellos textos que corresponden a otras variedades del español. Cabe señalar que la plataforma *Sketch Engine* también contiene otros corpus preinstalados, como el corpus de prensa actual denominado *Timestamped JSI web corpus 2021-03 Spanish*, más afín, por tanto, a nuestro corpus de estudio. Sin embargo, se ha descartado este último como corpus de comparabilidad por su similitud con nuestro corpus de noticias, ya que podría incidir negativamente en un estudio centrado en la búsqueda valores noticiosos, al contener ambos corpus textos valores que serían equivalentes.

---

[8] En ADVN es posible realizar un análisis partiendo de listados de frecuencia, realizando una selección de palabras que construyen VN, como muestran Bednarek & Caple (2014) y (2015) Potts, Bednarek & Caple.

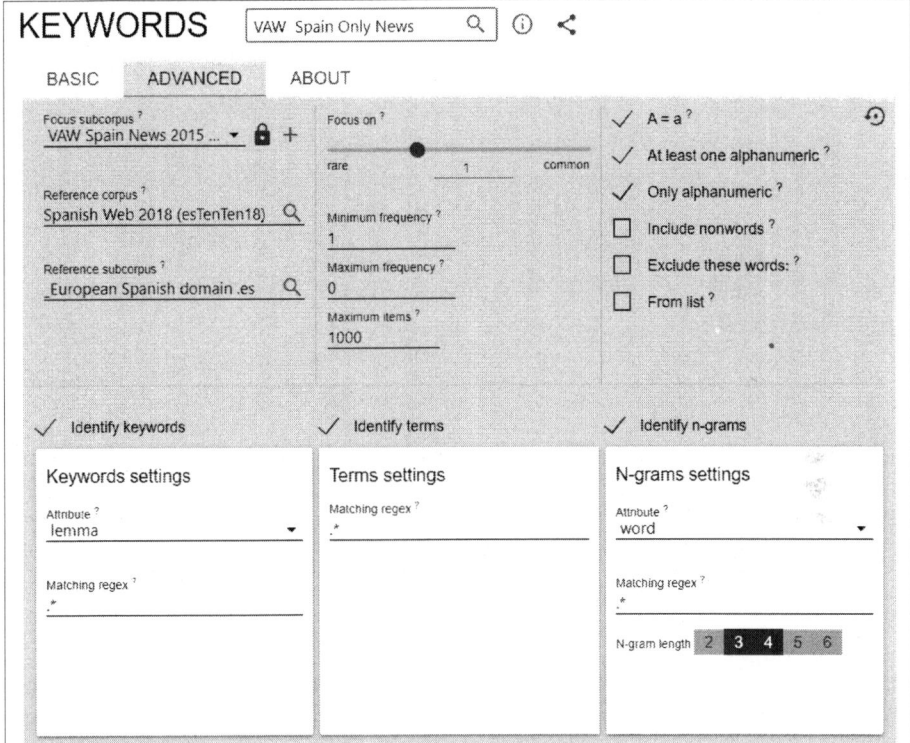

Figura 11. Parámetros *Palabras Clave* del subcorpus de NEWSGEN_VAW (noticias España 2015-2020)

La puntuación (i. 'score') utilizada por *Sketch Engine* para el cálculo de palabras clave se basa en la fórmula 'simple maths' descrita por Kilgarriff (2009). Esta puntuación que determina el valor clave (i. 'keyness') se ha utilizado en el presente análisis para identificar *lemas clave, términos clave* y *agrupaciones clave*. En lo referente al presente estudio, hemos utilizado el mostrado por defecto dado que descarta la identificación de palabras o términos clave que tienen frecuencias absolutas muy bajas. Los primeros 50 lemas clave identificados con los parámetros indicados se muestran en la Tabla 8.

Lema	Frec. Abs.	Valor Clave	Lema	Frec. Abs.	Valor Clave
vox	3508	241,944	maltrato	1677	26,524
machista	5891	150,659	feijóo	360	25,61
maltratador	889	76,997	machismo	540	25,13
expareja	813	74,728	feminicidios	298	24,543
abascal	641	62,096	feminista	1597	24,53
exparejas	338	53,3	exmarido	170	23,624
lacra	786	46,491	garcía-page	232	23,621
agresor	2155	45,544	género	12853	23,442
cs	1139	42,872	acuchillar	203	22,623
alejamiento	857	40,301	lgtbi	226	22,19
violencia	22457	39,727	maltratar	1031	22,102
arcuri	238	39,201	confinamiento	250	22,004
ciudadanos	2435	36,002	castilla-la	1256	21,94
coronavirus	216	34,426	feminicidio	341	21,902
mossos	659	32,445	sexista	375	21,69
d''esquadra	345	31,818	agresión	2802	21,587
carmena	469	31,085	pandemia	334	21,516
ayuso	259	30,94	feminismo	735	21,506
cgpj	332	30,744	viogen	119	21,422
repulsa	316	29,57	víctima	10911	20,835
exmujer	204	28,181	homicida	319	20,677
apuñalar	443	27,738	revisable	175	20,423
puñalada	406	27,332	manada	492	19,552
cuchillada	206	27,054	autopsia	415	19,17
covid-19	145	26,657	moncloa	423	19,162

Tabla 8. Las 50 primeras palabras clave en el subcorpus de NEWSGEN_VAW (noticias España 2015-2020)

Es preciso realizar algunas observaciones sobre la lista ofrecida. En primer lugar, hay que destacar que nos vamos a centrar en estos 50 primeros lemas, en los que examinaremos su función discursiva como indicadores de VN. Como ocurre en numerosos estudios EDAC, los investigadores suelen prestar especial atención a los elementos que se sitúan en la parte superior de la tabla, los más destacables. Descartamos, pues, los 950 lemas restantes por tener valores más bajos y frecuencias absolutas mucho más bajas. Cabe destacar que en este listado restringido de potenciales indicadores de VN, su valor de 'keyness' es alto y sus frecuencias absolutas procedentes del corpus de estudio se sitúan entre los 22,457 casos del lema VIOLENCIA y la frecuencia más baja, de 119 casos, correspondiente al lema VIOGEN. Todos los vocablos seleccionados con esta técnica son palabras de contenido o palabras plenas.

Aunque con el afán de simplificar, no haya sido recogido en la Tabla 8, el programa de *Sketch Engine* somete estas palabras a un análisis de dispersión denominado ALDF (i. 'Average Logarithmic Distance Frequency') que muestra si una palabra está distribuida uniformemente por todo el corpus o si sus ocurrencias están próximas entre sí y se encuentran en unos pocos documentos. Tal y como se ha señalado con anterioridad (vease § 4.9.5.), cuanto más parecida sea la ALDF a la frecuencia absoluta, más homogénea será la distribución de la palabra. Si la frecuencia absoluta y la ALDF son iguales, la palabra está perfectamente distribuida por todo el corpus. En nuestro corpus de estudio, por ejemplo, los lemas VOX, CORONAVIRUS o CONFINAMIENTO tienen un índice relativamente bajo. Esto significaría que, o bien están agrupados o se corresponden, con pocos textos. Esta distribución desigual no le resta importancia al hallazgo dado que en un corpus que comprende el período desde 2015 a 2020, el índice nos está mostrando que la incidencia discursiva de estos lemas está relacionada más estrechamente con noticias de la última etapa y no con la primera. Sin embargo, lemas clave como MACHISTA, VIOLENCIA o GÉNERO tienen un índice de dispersión elevado y más próximo a su frecuencia absoluta, indicando que se trata de lemas utilizados de forma más continuada a lo largo del tiempo, por ello se encuentran distribuidos de manera más uniforme en todo el subcorpus.

Otra cuestión que no queremos pasar por alto es que la determinación del valor de 'keyness' sobre lemas, y no formas de palabra, es una opción del investigador que también incide en el listado resultante. El lema es una noción abstracta de palabra (véase Fuster-Márquez & Maruenda-Bataller 2023: 35-48), equivalente a la representación que se obtiene de palabras en las entradas de un diccionario. Así, por ejemplo, el lema FEMINICIDIO, sustantivo, cuya frecuencia es de 639 casos, se corresponde con la forma de la palabra en singular 'feminicidio', con 341 ocurrencias, y con su forma en plural, 'feminicidios', con 298 ocurrencias en el corpus de estudio. [9]

Cuando sea necesario para nuestro análisis haremos uso de las formas (concretas) de palabra. Pasemos a analizar ahora los principales valores noticiosos que han sido construidos por estos 50 lemas recogidos en la Tabla 8.

---

[9]   El investigador debe estar atento y advertir que, ocasionalmente, los cómputos automáticos de las herramientas pueden ser incorrectos, por lo que conviene subsanar los errores que supongan un riesgo en la investigación. Por ejemplo, la herramienta de palabras clave en *Sketch Engine*, en nuestra búsqueda ha identificado erróneamente por separado los lemas 'feminicidio' y 'feminicidios' que acabamos de comentar(véase discusión en § 4.7.). Nosotros hemos reunido, manualmente, ambos cómputos para FEMINICIDIO. La implicación es que este lema es más importante que el mostrado en la tabla, en la cual no hemos alterado la frecuencia absoluta resultante ni el valor de 'keyness' calculado por el programa de *Sketch Engine*.

1. Autoridad o notoriedad

Es un hecho constatado que la prensa y las noticias recurren con asiduidad a las élites, cuyos miembros se convierten en actores sociales privilegiados de los relatos noticiosos (véase Cap. 1, § 1.7.). Si una autoridad o personaje público forma parte de la noticia, su relevancia y su noticiabilidad se ven aumentadas. Entre estos actores sociales se mencionan partidos políticos de ámbito nacional como Vox o Cs, Ciudadanos, o dirigentes como la (ex)alcaldesa madrileña [Manuela][10] Carmena, la portavoz del partido Ciudadanos y vicealcaldesa madrileña [Begoña] Villacís, la presidenta de la Comunidad Autónoma de Madrid desde 2019, [Isabel Díaz] Ayuso, el presidente de la Junta de Galicia, [Alberto Núñez] Feijóo, el presidente de la Junta de Comunidades de Castilla La Mancha, [Emiliano] García-Page, y el líder del partido ultraderechista Vox, [Santiago] Abascal. También se incluye aquí la alusión metonímica al presidente del gobierno de España o a la portavocía a través del lema Moncloa.

La autoridad institucional queda representada por la mención de altas instituciones jurídicas como CGPJ (Consejo General del Poder Judicial). También construirían este VN los lemas Mossos y d'esquadra, aquí separados como unidades léxicas diferentes. La mención de partidos políticos y dirigentes se debe a acciones o declaraciones en torno a la VdG, o bien, como en el caso que mencionamos a continuación sobre Isabel Ayuso, la dirigente madrileña del PP en (1), con relación a la posibilidad de llegar a acuerdos o pactos legislativos entre partidos, y no tanto en referencia a la VdG. Algo similar sucede con la mención a Begoña Villacís, líder de Ciudadanos en (2):[11]

> [1] *Acuerdo inminente entre PP, Cs y Vox para que Díaz Ayuso gobierne la comunidad* [ABC 1/8/2019]
>
> [2] *Pero Villacís considera que Almeida -cuyo equipo ha declinado responder a EL PAÍS- y ella se encuentran «demasiados escraches» allí a donde van.* [El País 15/7/2019]

Podemos afirmar que todos estos actores sociales que representan a las élites al mismo tiempo construyen subsidiariamente el VN de Proximidad, dado que son reconocibles figuras e instituciones en el ámbito nacional español.

---

[10] Hemos provisto entre corchetes el antropónimo con el que se alude a estos personajes públicos y reconstruido las entidades mencionadas a través de las alusiones fraseológicas que se encuentran en los textos de nuestro corpus. De modo que no hay duda sobre la alusión discursiva concreta a estos representantes de las autoridades.

[11] Un análisis crítico más pormenorizado sobre las menciones a las élites políticas en los titulares de noticias de prensa españolas en torno a la Violencia de Género en este corpus de estudio se encontrará en Fuster-Márquez (2025, en prensa).

2. Negatividad e Impacto

Sin duda, la mayoría de los lemas en la lista contribuyen a la construcción del Valor Noticioso (VN) de Negatividad, que a menudo se superpone con el VN de Impacto. Por esta razón, asignaremos a ambos valores los siguientes lemas distribuidos en dos grupos léxico-semánticos específicos. Por un lado, se encuentran aquellos lemas que construyen los VN de Negatividad e Impacto en referencia a la violencia y el crimen:

VIOLENCIA, FEMINICIDIO, APUÑALAR, AGRESIÓN, PUÑALADA, ASESINAR, MALTRATO, HOMICIDIO, CUCHILLADA, MALTRATAR, SUICIDAR, DEGOLLAR, AGREDIR, CRIMEN, MACHISTA, LACRA, MACHISMO, SEXISTA.

Por el otro, aquellos lemas que construyen los VN Negatividad e Impacto por referencia a la situación pandémica de los últimos años (2019-2020)

CORONAVIRUS, PANDEMIA, COVID-19, CONFINAMIENTO.

Podría conjeturarse acertadamente que PANDEMIA también construye el VN de Magnitud, ya que, según la definición del DRAE, se refiere a una enfermedad que afecta a muchos países.

3. Personalización y negatividad

Recordemos que el VN de Personalización se contrapone al de Autoridad o Notoriedad. Si bien en el caso de las élites se mencionan con nombre propio, en la construcción del VN de personalización en estas noticias los indicadores noticiosos entre los 50 lemas clave son nombres comunes que hacen referencia a actores sociales por su función como víctimas o agresores de VdG:

EXMUJER, EXPAREJA, EXMARIDO, VÍCTIMA, MANADA, ARCURI, MALTRATADOR, AGRESOR, HOMICIDA.

La excepción es el nombre propio del italiano Francesco ARCURI, un caso mediático recurrente (véase ejemplo 3) de VdG relacionado con la víctima Juana Rivas.

> [3] *La tormenta está entonces en su punto álgido: la española Juana Rivas se niega a devolverle a sus dos hijos a su expareja, el italiano Francesco Arcuri.* [El Mundo 23/3/2019]

Debe indicarse que el valor semántico de MANADA en este contexto indica a un grupo de agresores que comete delitos sexuales, tales como violaciones, etc. Originalmente en nuestro corpus, «La Manada» hacía alusión a este tipo de agresores en un caso muy mediático que tuvo lugar durante la celebración de unos Sanfermines en Pamplona, y posteriormente se ha utilizado para referirse como nombre común (Ejemplo 4). En DRAE la acepción segunda del vocablo *manada* es «Conjunto de ciertos animales de una misma especie que andan reunidos.» Entendemos pues que la referencia figurada a «seres humanos» es hoy convencional en la prensa española para referirse a estos casos concretos de VdG, aunque no esté todavía recogida en DRAE.

[4] *También hay que señalar que con las* manadas *hablamos de un delito muy grave, no se puede hacer con ellas un «Sálvame»»*, *declama Franco*. [ABC 14/1/2019]

Sería posible establecer una clasificación semántica y pragmática distinta de varios de los indicadores anteriores de VN de Negatividad, Impacto y Personalización, atendiendo fundamentalmente a la valoración social y terminología jurídica en referencia a la tipificación del delito cometido o al agresor en el contexto español. En cuyo caso, la construcción de VN de Negatividad en la noticia incluiría:

AGRESIÓN, AUTOPSIA, MALTRATADOR, VIOLENCIA, AGRESOR, MACHISTA, MALTRATO, SEXISTA, GÉNERO, HOMICIDIO, INTRAFAMILIAR, FEMINICIDIO.

Incluiríamos en este grupo el lema REPULSA, como referencia a acciones de orden político y reacciones sociales. Nótese que si bien algunos de estos lemas construyen de manera muy directa la Negatividad, otros necesitan la precisión proporcionada por sus colocados para resolver la ambigüedad. Por ejemplo, en el caso de GÉNERO e INTRAFAMILIAR, ambos lemas se encuentran sistemáticamente en las expresiones «violencia de género» y «violencia intrafamiliar», respectivamente. A este asunto volveremos en § 6.5.

4. Proximidad y Positividad

El indicador lingüístico más evidente de Proximidad entre estos primeros 50 lemas clave son la referencia a la Comunidad Autónoma CASTILLA LA [Mancha] y la alusión a MONCLOA, por tratarse en ambos casos de toponimia en territorio español. En cuanto al VN de Positividad, quizá podría incluirse VIOGEN, acrónimo que se refiere al sistema de seguimiento integral en los casos de VdG del Ministerio del Interior que se puso en funcionamiento en 2007. Su Positividad se pone de manifiesto por tratarse de un sistema de protección a las víctimas de VdG. Por otra parte, tenemos REVISABLE, lema jurídico que alude a sentencias condenatorias que pueden ser revisadas. La adscripción a este VN de Positividad dependerá de la consideración de la situación del condenado, cuya condena puede verse reducida.

5. Indicadores de lemas no adscritos a ningún VN

De difícil adscripción en este listado de 50 lemas clave son, a nuestro entender, LGTBI, en alusión al movimiento social nacido en los EE.UU. en los 60, pero con fuerte implantación en España, que reivindica y lucha por los derechos de las personas cuya sexualidad ha sido patologizada por no ser heteronormativa. Su adscripción figura a caballo entre los VN de Personalización y de Notoriedad. Quizá en igual medida situaríamos al lema FEMINISTA o al FEMINISMO (véase el ejemplo 4), cuando aluden habitualmente al movimiento feminista en las noticias de prensa:

[5] *Sí estuvieron la vicepresidenta de Política Social del PP, Cuca Gamarra, quien abogó por un «feminismo sin etiquetas», Marimar Blanco, secretaria de Igualdad del PP, Ana Camins, secretaria del PP en Madrid y Belén Hoyo, presidenta del Comité electoral, entre otras.* [El Mundo 9/3/2020]

V. Estudio fraseológico de términos clave

El análisis anterior sobre el valor semántico y discursivo de los indicadores de VN de los lemas clave requeriría un análisis más detallado. Un estudio fraseológico más exhaustivo, considerando concordancias y colocaciones, ofrece una visión más contextualizada de la funcionalidad discursiva de estas palabras en los relatos de noticias. La investigación de Fuster-Márquez (en prensa, 2025) examina fraseologías comunes asociadas a los diez lemas clave de este subcorpus y realiza un análisis cualitativo de la presencia de VOX, el lema clave principal, en los titulares de prensa, así como el posicionamiento ideológico de los periodistas en sus discursos en torno a este partido ultraderechista en el contexto de la VdG.

Otro ángulo de gran interés para la identificación de VN es observar los grupos fraseológicos listados en la Tabla 9, todos ellos sustantivos, identificados con la herramienta *Multiword Terms* de *Sketch Engine*. Anteriormente, se ha mencionado la reconstrucción fraseológica en relación con los nombres propios que constituyen los VN de Autoridad/Notoriedad y Proximidad. Sin embargo, hay muchas otras palabras que forman parte de diversas configuraciones fraseológicas detectadas con esta técnica. Con esta herramienta extraemos expresiones multipalabra clave útil en el análisis textual y para extraer unidades fraseológicas significativas. Los parámetros que hemos utilizado para determinar esta fraseología son los mismos que los que se han aplicado para obtener las palabras clave en nuestro subcorpus.

T. multipalabra	Frec. Abs.	Valor Clave	T. multipalabra	Frec. Abs.	Valor Clave
violencia de género	10708	1895,757	comunidad autónoma	425	76,203
violencia machista	4525	801,689	josé luis	412	73,902
guardia civil	2148	381,084	denuncia previa	411	73,704
víctima de violencia	1969	349,41	presidente del gobierno	410	73,549
caso de violencia	1219	216,699	día internacional	379	68,063
castilla-la mancha	1217	216,345	medio de comunicación	369	66,294
violencia sexual	969	172,412	juzgado de violencia	365	65,586
pedro sánchez	939	167,154	arma blanca	363	65,232
policía nacional	894	159,191	consejo general	362	65,055
agresión sexual	847	150,875	orden de protección	362	65,036
violencia doméstica	840	149,636	año anterior	357	64,152
red social	833	148,354	albert rivera	356	63,956
pacto de estado	776	138,311	juana rivas	355	63,816
orden de alejamiento	754	134,419	tribunal superior	354	63,64
policía local	746	133,003	tribunal supremo	349	62,755
servicio social	708	126,279	gobierno regional	340	61,162
derecho humano	670	119,555	instituto de la mujer	334	60,101
comunidad de madrid	651	116,159	audiencia provincial	329	59,216
mujer víctima	626	111,769	fuente policial	329	59,199
abuso sexual	606	108,23	delito de violencia	324	58,331
poder judicial	577	103,099	víctima mortal	321	57,8
código penal	505	90,359	mano de su pareja	320	57,623
víctima de la violencia	488	87,351	juzgado de instrucción	317	57,076
secretario general	452	80,98	ley de violencia	313	56,385
fin de semana	429	76,911	fuerza de seguridad	311	56,031

Tabla 9. Los 50 primeros términos clave en el subcorpus de NEWSGEN_VAW (noticias España 2015-2020) con la herramienta *Multiword Terms*.

De la cuantificación automática de estos primeros 50 términos clave que proporciona la herramienta, en la Tabla 9 hemos mantenido la frecuencia absoluta de estas agrupaciones y su valor de 'keyness'. Obsérvese que en el ordenamiento en sentido descendente los valores de frecuencia absoluta y de 'keyness' van emparejados. He aquí un análisis más detallado en torno a los valores que construyen las fraseologías encontradas. Los indicadores de VN que identifica esta herramienta no distan mucho de los detectados para los lemas clave, pero con algunas matizaciones:

1. **La Autoridad o notoriedad**

A diferencia del listado de lemas clave, donde los nombres de personajes de la élite política eran numerosos, en este listado de base fraseológica solo tenemos dos nombres propios que aluden a esta élite política, a saber, el presidente del gobierno español, mencionado con nombre y primer apellido, PEDRO SÁNCHEZ, el cargo que ocupa, PRESIDENTE DEL GOBIERNO, el nombre y apellido del presidente de Ciudadanos ALBERT RIVERA, o la función de SECRETARIO GENERAL.[12] Sin embargo, en esta exploración fraseológica, son más frecuentes los indicadores del VN de Autoridad que hacen referencia a organismos o instituciones:

— *Instituciones y servicios gubernamentales*: GOBIERNO REGIONAL, SERVICIO SOCIAL, INSTITUTO DE LA MUJER;

— *Servicios de seguridad*: GUARDIA CIVIL, FUERZA DE SEGURIDAD, POLICÍA LOCAL;

— *Servicios o instituciones jurídicas*: CONSEJO GENERAL, PODER JUDICIAL, JUZGADO DE VIOLENCIA, TRIBUNAL SUPERIOR, TRIBUNAL SUPREMO, AUDIENCIA PROVINCIAL.

— *Medios de comunicación*: FUENTE POLICIAL, MEDIO DE COMUNICACIÓN.

Las formas de palabras concretas que se corresponden con algunos de estos lemas nominales nos revelan que generalmente se mencionan en plural, como por ejemplo 'servicios sociales' o 'fuerzas de seguridad', mientras que otras aparecen únicamente en singular, como 'policía local' 'instituto de la mujer', etc.

Nótese que hemos incluído aquí FUENTE POLICIAL, sistemáticamente representado en plural como 'fuentes policiales', y MEDIO DE COMUNICACIÓN, igualmente en plural. Esta alusión a fuentes (de información) privilegiadas utilizadas por los periodistas también construye el VN de Notoriedad. Podría incluirse RED SOCIAL, generalmente en su forma plural como 'redes sociales', aunque una función habitual de este término es la de indicar lugar. Por consiguiente, a diferencia del listado de palabras clave, la búsqueda por agrupaciones identifica un nutrido número de indicadores de este VN que tiene que ver con instituciones contextualmente más estrechamente ligados a casos de VdG, y no tanto con figuras políticas (véanse 6 y 7):

[6] *Según <u>fuentes policiales</u>, al llegar al domicilio, situado en una tercera planta, el presunto maltratador, que acabaría abatido por los agentes, les recibió machete en mano* [ABC 20/1/2017]

---

[12] Se ha descartado Jose Luís dado que alude a diferentes personas con ese nombre.

[7] *Aunque tal vez Brodin tenga datos de los que los demás mortales carecemos, el confinamiento está viéndose acompañado, según algunos medios de comunicación, de menos apetito sexual y, también, de mucha más violencia doméstica, lo que parece cuestionar sus previsiones de natalidad.* [El Mundo 25/4/2020]

2. Negatividad, Impacto

Como era de esperar en un corpus en torno a la VdG en el cual un buen número de palabras y expresiones semilla son referencias directas a las distintas formas de denominar este fenómeno, encontramos aquí al menos dos clases de términos multipalabra que construyen este VN: términos jurídicos y términos que suponen una valoración social, si bien la diferenciación entre ambos grupos puede verse difuminada en varios casos.

— *Términos Jurídicos del derecho español*: Violencia de género, caso de violencia, violencia sexual, agresión sexual, violencia doméstica, abuso sexual, denuncia previa, arma blanca, delito de violencia, víctima mortal

— *Términos relacionados con sanción social*: Violencia machista, Víctima de [la] violencia, mujer víctima.

Obsérvese que son muchos los agrupamientos identificados por la herramienta que no forman parte de estas palabras semilla elegidas en el diseño de nuestro corpus NEWSGEN (véase § 6.2.). Las agrupaciones de términos jurídicos están recogidas en la legislación o el sistema jurídico en España, aunque pueden contener también una valoración o sanción social. Se trata de referencias a delitos específicos, procedimientos legales o términos técnicos utilizados en el código penal para definir y gestionar actos de violencia generalmente relacionados con la VdG. Las agrupaciones que constituyen preferentemente una sanción social están más relacionadas con la percepción y juicio social. Reflejan cómo la sociedad entiende, valora y reacciona ante la violencia, especialmente mostrando apoyo y empatía hacia las víctimas, o la condena y reprobación a los actos de agresión y los agresores. A tenor de los resultados obtenidos mediante la técnica de lemas clave como a través de la técnica *Multiword Terms*, los indicadores de Negatividad en NEWSGEN son los más numerosos.

3. La Positividad y la Personalización

Algunas agrupaciones construirían el VN de Positividad, tales como PACTO DE ESTADO, que encontramos genéricamente en expresiones como [pacto de estado contra la violencia machista| de género], DERECHO HUMANO, sistemáticamente en su forma plural «derechos humanos», el término jurídico ORDEN DE PROTECCIÓN, O LEY DE VIOLENCIA, habitualmente con referencia a la «Ley de Violencia de Género». Aquí cabría incluir ORDEN DE ALEJAMIENTO, siempre y cuando consideremos que favorece a las víctimas y no a los agresores. El único caso de indicador del VN de Personalización se corresponde con el nombre propio JUANA RIVAS, víctima en el caso que la enfrentaba a ARCURI, mencionado como lema clave anteriormente.

4. Proximidad y Actualidad

Los únicos indicadores de Proximidad serían COMUNIDAD DE MADRID y COMUNIDAD AUTÓNOMA. Sólo hay dos referencias temporales: FIN DE SEMANA, AÑO ANTERIOR. Mientras «fin de semana», generalmente en singular construye el VN de Actualidad cuando se examina el cotexto (véase el ejemplo 8), este valor no queda tan definido. Generalmente las formas en singular o plural aparecen en proposiciones en las cuales se ofrecen argumentos estadísticos sobre VdG (ejemplo 9):

[8] *La tercera víctima del <u>fin de semana</u> se produjo en la madrugada del domingo en la localidad murciana de Molina de Segura, donde una empleada de un centro de atención a personas con autismo resultó acuchillada por un compañero.* [ABC 29/5/2017]

[9] *Hasta el día de ayer se han registrado 16, frente a las 11 ocurridas en el mismo periodo del <u>año anterior</u>.* [El Mundo 12/4/2018]

Conviene analizar en mayor detalle algunas de las expresiones aquí encontradas. En su estudio sobre las prácticas denominativas por parte de los diarios *El País* y *El Mundo* en el corpus NEWSGEN en el período 2005-2010, Santaemilia (2022) señala tres prácticas denominativas presentes en el discurso mediático en español que también hemos constatado en el presenta análisis: *violencia de género, violencia machista* y *violencia doméstica*. Subscribimos con Santaemilia que estas denominaciones no constituyen una simple sinonimia, sino más bien elecciones periodísticas que representan la pluralidad de voces y un debate público de orden ideológico que todavía persiste. Dos de estos términos, *violencia de género* y *violencia doméstica* están recogidos en el derecho penal, si bien aluden a distintos tipos de violencia.

Nótese que el lema INTRAFAMILIAR ocurre en la expresión *violencia intrafamiliar* con 104 casos en nuestro corpus de estudio. Se trata de una propuesta, no consensuada, de VOX, partido de ultraderecha, y generalmente se alude a líderes de este partido como promotores de esta concepción más próxima a la vigente *violencia doméstica* [ejemplo 10]:

[10] *Su alternativa pasa por rubricar «un gran pacto contra la <u>violencia intrafamiliar</u>», que «proteja a todos los madrileños por igual, que no victimice ni culpabilice a ningún ciudadano discriminando por razón de sexo o edad, tal y como marca la Constitución», argumentó el grupo municipal a través de las redes sociales.* [ABC 6/9/2019]

Tanto *violencia de género* como *violencia machista* representan una valoración social con connotaciones ideológicas. A este respecto, señálese que la extrema derecha no acepta estas denominaciones, y el juego político de posibles pactos entre toda la derecha en este período reciente provoca esta falta de consenso, tensión ideológica, y vigilancia sobre el uso terminológico.[13] Por otra parte, conviene indicar que no ha sido hasta fecha muy reciente, tras no pocas reticencias, que la RAE ha aceptado la definición de 'género' más allá de su puro valor gramatical para referirse también al significado utilizado en este estudio como «[g]rupo al que pertenecen los seres humanos de cada sexo, entendido este desde un punto de vista sociocultural en lugar de exclusivamente biológico,» Y solo en época mucho más reciente, el diario *El País* (17 de julio de 2019) publicaba el siguiente titular: *La RAE se plantea incluir 'violencia de género' en el diccionario 15 años después de rechazarlo.*

La expresión *violencia de género* está incluida en el Diccionario Panhispánico del Español Jurídico como sublema de «violencia», incluído en como término del derecho penal cuyo significado es: «Violencia física o psicológica cometida contra una mujer que es o ha sido esposa del agresor o está o estuvo ligada a él por una análoga relación de afectividad, aun sin convivencia, que se comete como manifestación de la discriminación, la situación de desigualdad y las relaciones de poder de los hombres sobre las mujeres.»[14]

Este rechazo institucional durante más de una década refleja discrepancias que van más allá de cuestiones estrictamente lingüísticas en el contexto español. Algo similar ocurre con la expresión *violencia machista*, que, a pesar de su uso cada vez más extendido, sigue sin encontrarse en DRAE.[15] El *Corpus Now*, perteneciente al grupo de *Corpus del Español*, cuyo contenido son artículos de prensa, registra un total de 30,876 casos de este término, que se encuentran en la prensa de la práctica totalidad de países hispanohablantes. Su frecuencia ha ido aumentando de manera significativa con el paso del tiempo. Mientras en enero de 2012 se contabilizaban 186 ocurrencias, en enero de 2019 el número de casos ascendía a 4953.[16] Una diferencia significativa de esta expresión frente a otras es que *violencia machista* constituye una condena social explícita de cualquier tipo de violencia (física, sexual, psicológica o económica) causada por los hombres contra mujeres o niñas.

Por último, nuestro corpus de estudio también contiene la denominación *feminicidio*, como se ha señalado con anterioridad. Se trata una vez de una acuñación reciente. Su equivalente en inglés sería 'femicide'. El vocablo *femicidio* es escasamente utilizado en NEWSGEN-VAW, contabilizándose apenas 14 casos. El *feminicidio* sí que está recogido en DRAE, con el significado de «asesinato de una

---

[13] Véase Fuster-Márquez (en prensa)

[14] https://dpej.rae.es/lema/violencia-de-g%C3%A9nero. Última consulta 1 de septiembre de 2024.

[15] Última consulta del *Diccionario de la Real Academia de la Lengua Española*, 11 de septiembre de 2024.

[16] El Corpus NOW pertenece a la colección *Corpus del Español* creada por Mark Davies [https://www.corpusdelespanol.org/now/]

mujer a manos de un hombre por machismo o misoginia.» DRAE también recoge *femicidio* como sinónimo. El *feminicidio* es una manifestación de caso extremo de *violencia de género* o *violencia machista* que conduce a la muerte de una mujer a manos de un hombre.

VI. LAS VÍCTIMAS DE VIOLENCIA DE GÉNERO EN LAS NOTICIAS DE PRENSA

Por último, esta investigación resultaría incompleta si no atendiéramos en mayor detalle a los significados que entrañan varios lemas indicadores de negatividad que hemos mencionado con anterioridad. En nuestra discusión del apartado anterior hemos aludido a una terminología abstracta que encierra valoraciones sobre VdG. Ahora nos parece conveniente examinar un buen número de lemas que encierran significados sobre actos violentos en situaciones concretas y relaciones a los agresores con sus víctimas. Nuestro corpus de estudio contiene palabras clave que aluden a crímenes de VdG, algunos sumamente crueles. Los lemas verbales clave detectados por *Sketch Engine* entre los 100 primeros en nuestro subcorpus son los siguientes:

> apuñalar, acuchillar, maltratar, asesinar,
> degollar, suicidar, agredir y estrangular.

Sin embargo, nos interesa fijarnos en las formas de palabra con valor de participio que corresponden a estos lemas, dado que plantean relaciones semánticas y pragmáticas que quedan invisibilizados en sus lemas correspondientes. Para resolver este punto hemos recurrido a las búsquedas de formas de palabra con la herramienta de *Concordancias* en *Sketch Engine*. Las formas del participio verbal resultan de interés porque nos permiten cuantificar con exactitud las alusiones a las víctimas de estos actos violentos en las noticias de prensa española. La Tabla 10 muestra estos participios desglosando las referencias al masculino y femenino para el singular y el plural, relevantes para este análisis.

Masc. sg.	Frec.	Masc. pl.	Frec.	Fem. sg.	Frec.	Fem. pl.	Frec.
apuñalado	46	apuñalados	7	apuñalada	166	apuñaladas	12
acuchillado	14	acuchillados	10	acuchillada	77	acuchilladas	1
maltratado	71	maltratados	43	maltratada	206	maltratadas	492
asesinado	201	asesinados	275	asesinada	951	asesinadas	1249
degollado	24	degollados	1	degollada	80	degolladas	6
suicidado	62	suicidados*		suicidada*		suicidadas*	
agredido	111	agredidos	17	agredida	205	agredidas	94
estrangulado	17	estrangulados	1	estrangulada	73	estranguladas	8

Tabla 10. Participios verbales que construyen víctimas de actos violentos en el corpus de estudio

Como bien sabemos, las formas masculinas en la lengua española pueden referirse al género masculino pero también constituir referentes genéricos (lingüísticamente no marcados).[17] En cambio, las formas del género femenino (lingüística mente marcadas) siempre hacen referencia a mujeres. Así en [11], el referente del masculino plural «asesinados» es «menores», y se refiere a individuos de menor edad sin referencia a un género concreto. En [12] el referente de «agredidos» es igualmente otro genérico, «ancianos», cuando atendemos al resto del cotexto. Por último, en [13] los «maltra-tados» son, una vez más a los «ancianos», sin distinción de género.

[11] *Por años, seis menores fueron asesinados en 2013, cuatro en 2014, cuatro en 2015 y uno en 2016.* [ABC 4/2/2017]

[12] *Un total de 80 agentes desarrollan su labor de investigación y atención en colabo-ración con los trabajadores del área de Familia y Bienestar Social del Ayuntamiento para intentar descubrir situaciones de maltrato físico y psicológico a ancianos, y evitar que sean agredidos, abandonados, vejados o robados.* [El Mundo 17/12/2019]

[13] *La cifra de 10.500 maltratados supone un 0,8 % de los ancianos que viven en Cataluña.* [El País 13/2/2015]

Por otra parte, la Tabla 10 pone en evidencia que cuantitativamente el mayor número de víctimas de estos actos violentos son mujeres y no hombres. Como es de esperar, la utilización del femenino singular (véase [14]) suele ser la opción dis-cursiva preferente para relatar casos concretos de VdG que motivan la publicación de la noticia:

[14] *La familia de Pilar Garrido Santamans, la española asesinada en México, confía al cien por cien en la inocencia de su marido, Jorge Fernández, quien fue arrestado y acusado de homicidio esta semana por la Fiscalía de Tamaulipas.* [ABC 2/9/2017]

En cambio, la preferencia por el uso de los plurales, frente al singular, suele poner de manifiesto la intención del periodista de plasmar el impacto social, a menudo introduciendo cifras, como ilustra este último ejemplo con la forma *asesinadas* en [15]

[15] *El Observatorio Ciudadano contra la Violencia de Género precisa que 263 mujeres fueron asesinadas en la región en 2016, cifra que supera las de los peores años de la oleada de feminicidios en Ciudad Juárez.* [El País 16/5/2017]

Estos usos de plurales del participio, no solo construyen negatividad, también superlatividad, que no se había mencionado con anterioridad. La superlatividad es un VN que pone de manifiesto la intensidad de un evento. Este patrón de violencia contra la mujer se ve reforzado por las denominaciones, o más bien calificaciones, de FEMINICIDIO, VIOLENCIA DE GÉNERO O VIOLENCIA MACHISTA que hemos tratado previamente.

---

[17] Nótese que hemos colocado un asterisco a las formas «suicidados», «suicidada» y «suicidadas», participios porque SUICIDAR es verbo reflexivo, y no tienen ocurrencias en esas formas.

Todas ellas aluden a la clara existencia de un mismo comportamiento social lamentablemente bastante extendido.

Desde el punto de vista deontológico, cuando la prensa informa sobre casos de violencia de género, es fundamental que los lectores comprendan, a través del relato de un caso concreto, que este puede formar parte de un patrón mucho más amplio de comportamiento social que es necesario erradicar. Por ello, el uso del plural y la cuantificación que suele acompañarlo en los relatos son rasgos positivos cuando el periodista informa con perspectiva de género.

VII. Conclusión

En este último capítulo hemos examinado el caso práctico de la violencia de género (VdG) en una muestra compuesta por tres periódicos de gran tirada en España. Nuestro objetivo principal ha sido demostrar el valor del marco propuesto por el Análisis Discursivo de Valores Noticiosos dentro de los Estudios Críticos del Discurso para revelar las ideologías subyacentes en la construcción discursiva de este fenómeno por parte del periodismo español. Las representaciones periodísticas pueden influir significativamente en la formación de opiniones sobre cuestiones de gran relevancia social y política como sin duda lo es la temática elegida, un área de interés central tanto en EDAC como en los estudios feministas críticos del discurso (véase Lazar, 2018).

Creemos que el marco analítico utilizado es muy valioso, ya que contribuye a identificar patrones discursivos relevantes. Sin embargo, una aproximación desde los EDAC también requiere atención al contexto para determinar con mayor precisión estos patrones discursivos. Es ingenuo creer que podemos generalizar sobre los discursos periodísticos en las noticias de prensa a través de listas de palabras descontextualizadas. Los listados obtenidos constituyen un estadio inicial en EDAC. El significado y el alcance pragmático de los vocablos pueden comprenderse plenamente cuando se analiza el contexto en el que se ubican. Esto es más factible mediante la identificación de agrupaciones habituales o la técnica de concordancias y colocaciones, habitual en los estudios de corpus.

Por otra parte, este estudio ha demostrado que no todos los valores noticiosos descritos en el Capítulo 5 han podido ser localizados de manera exhaustiva. Sin embargo, es posible encontrar indicadores de todos ellos en las noticias de prensa, lo que sugiere que la metodología seleccionada para detectar estos valores noticiosos influye significativamente en los resultados obtenidos. Casi todas las palabras y frases en nuestros listados clave se adscriben a tres valores noticiosos relevantes, destacando especialmente la mención a las autoridades políticas y, sobre todo a la negatividad y al impacto en torno a la temática que queda configurada en el corpus NEWSGEN_VAW. Implícitamente, el VN de Autoridad muestra al mismo tiempo que, si bien la VdG es una cuestión global, se nos presenta siempre en clave nacional. Interesa sobre todo porque sucede aquí, en territorio nacional. Es decir, estas referencias a las élites españolas construyen el VN de Proximidad.

Cuando se integra la lingüística de corpus (LC) en una investigación, es fundamental entender que la evidencia generada por esta técnica no eclipsa las bondades de otros enfoques. Al contrario, la triangulación metodológica siempre es un complemento muy útil para el investigador. En todos los estudios de EDAC es necesario, o al menos muy recomendable, contextualizar adecuadamente. En este breve estudio sobre la violencia de género (VdG), hemos hecho referencia constante a otros estudios, fuentes lexicográficas y corpus adicionales para dilucidar varios aspectos directamente relacionados con nuestros resultados. Es más, los capítulos anteriores han supuesto un esfuerzo de contextualización muy importante sobre la prensa, la noticia y los enfoques críticos, proporcionando la profundidad necesaria para justificar debidamente esta investigación con técnicas de corpus en el análisis del discurso.

No deseo concluir este capítulo sin mencionar una poderosa motivación para realizar este estudio sobre la violencia de género (VdG) en los relatos de noticias. Fairclough (1989: 54) ha señalado que los medios de comunicación operan a través de un poder oculto con efectos acumulativos, donde un solo texto es bastante insignificante. Los efectos de este poder, indica Fairclough, se perciben a través de la repetición de formas particulares de manejar la causalidad y la agencia, así como de posicionar al lector. El empleo de técnicas de LC sobre un corpus amplio de noticias, como NEWSGEN, es muy capaz de responder objetivamente a esta cuestión. Este enfoque puede mostrar fehacientemente el efecto acumulativo producido por diarios influyentes durante largos períodos sobre temas de enorme trascendencia como la violencia de género.

Referencias bibliográficas

Agar, M. (1985) Institutional Discourse. *Text* 5(3): 147–168.

Agudelo Bedoya, M.E. & Estrada Arango, P. (2013) Constructivismo y construccionismo social: Algunos puntos comunes y algunas divergencias de estas corrientes teóricas. *Prospectiva* 17: 353-378.

Alarcos Llorach, E. (1977) Lenguaje de los titulares. En Lázaro Carreter, F. (ed) *Lenguaje en periodismo escrito*. Fundación Juan March, 125-148.

Ali, S. (2018) «Newspaper Corpus Design and Representativeness.» What Every1Says Project, http://we1s.ucsb.edu. July 3, http://we1s.ucsb.edu/research-outputs/newspaper-corpus...ativeness-report.

Anastasiou, A. (2016) Why 'news values' do not explain news selection. Ponencia en *International Association for Media and Communication Research (IAMCR)* Leicester, Reino Unido. Julio 2016.

Anastasiou, A. (2017) Investigating News Selection: An Integrated Model for Cross-national Comparisons. *Sur le journalisme, About journalism, Sobre jornalismo* 6(2): 82-95.

Anthony, L. (2018) Visualisation in corpus-based discourse studies. En Taylor, C. y Marchi, A. (eds) *Corpus Approaches to Discourse: A Critical Review*. Taylor & Francis Group, 197-224.

Bahktin, M.M. (1935[1981]) *The Dialogic Imagination: Four Essays*. Holquist, M. (ed.) Traducido al inglés por C. Emerson y M. Holquist. University of Texas Press.

Baker, P., Gabrielatos, C., Khosravinik, M., Krzyzanowski, M., McEnery, T. & Wodak, R. (2008) A useful methodological synergy? Combining critical discourse analysis and corpus linguistics to examine discourses of refugees and asylum seekers in the UK press. *Discourse & Society* 19(3): 273–305.

Baker, P. & Ellece, S. (2011) *Key Terms in Discourse Analysis*. Continuum.

Baker, P., Gabrielatos, C., Khosravinik, M., Krzyżanowski, M., McEnery, T. & Wodak, R. (2011) ¿Una sinergia metodológica útil? Combinar análisis crítico del discurso y lingüística de corpus para examinar los discursos de los refugiados y solicitantes de asilo en la prensa británica. *Discurso & Sociedad* 5(2): 376-416.

Baker, P., Gabrielatos, C., & McEnery, T. (2013) *Discourse Analysis and Media Attitudes: The Representation of Islam in the British Press*. C.U.P.

Baker, P. (2006) *Using Corpora in Discourse Analysis*. Continuum.

Baker, P. (2009) The B06 Corpus of British English and recent language change. *International Journal of Corpus Linguistics* 14(3): 312–337.

Baker, P. (2014) *Using Corpora to Analyze Gender*. Bloomsbury Publishing.

BAKER, P. (2015) Introduction to Special Issue. *Discourse and Communication* 9 (2): 143-147.

BARTLEY, L.V. (2021) 'Nobody is guilty in football. That's the first thing to understand': A corpus-assisted critical discourse analysis of the UK press coverage of the Ched Evans case. En FUSTER-MÁRQUEZ *et al.* (eds), 119-140.

BEDNAREK, M. & CAPLE, H. (2014) Why do news values matter? Towards a new methodological framework for analysing news discourse in Critical Discourse Analysis and beyond. *Discourse & Society* 35(2): 135-158.

BEDNAREK, M. & CAPLE, H. (2017) *The Discourse of News Values: How News Organisations Create Newsworthiness*. O.U.P.

BEDNAREK, M., CAPLE, H. & HUAN, C. (2021) Computer-based analysis of news values: A case study on national day reporting. *Journalism Studies* 22(6): 702-722.

BEDNAREK, M. (2006) *Evaluation in Media Discourse. Analysis of a Newspaper Corpus*. Continuum.

BEDNAREK, M. (2009) Corpora and discourse: A three-pronged approach to analyzing linguistic data. En HAUGH, M., BURRIDGE, K., MULDER, J. & PETERS, P. (eds) *Selected Proceedings of the 2008 HCSNet Workshop on Designing the Australian National Corpus*. Cascadilla Proceedings Project, 9-24.

BEDNAREK, M. (2016a) Voices and Values in the News: News media talk, news values and attribution. *Discourse, context and media* 11: 27-37.

BEDNAREK, M. (2016b) Investigating evaluation and news values in news items that are shared through social media. *Corpora* 11(2): 227–257.

BEDNAREK, M. (2019) The Language and News Values of 'Most Highly Shared' News. En MARTIN, F. y DWYER, T. (eds) *Sharing News Online: Commendary Cultures and Social Media New Ecologies*. Palgrave-MacMillan, 157-188.

BELL, A. (1991) *The Language of News Media*. Blackwell.

BERGER, P. & THOMAS LUCKMANN, T. (1966) *The Social Construction of Reality*. Knopf Doubleday Publishing Group.

BIBER, D., JOHANSSON, S., LEECH, G., CONRAD, S. & FINEGAN, E. (1999) *Longman Grammar of Spoken and Written English*. Longman.

BIBER, D. & CONRAD, S. (2009) *Register, Genre, and Style*. C.U.P.

BIBER, D. (1988) *Variation Across Speech and Writing*. C.U.P.

BIBER, D. (1993a) Representativeness in Corpus Design. *Literary and Linguistic Computing* 8(4): 243-257.

BIBER, D. (1993b) Using Register-Diversified Corpora for General Language Studies. *Computational Linguistics* 19(2): 219-241.

BIBER, D. (2012) Register as a predictor of linguistic variation. *Corpus Linguist and Linguistic Theory* 8(1): 9–37.

BONDI, M. & SCOTT, M. (eds) (2010) *Keyness in Texts*. John Benjamins Publishing Company.

BONINI, A. (2009) The distinction between news and reportage in the Brazilian journalistic context: a matter of degree. En BAZERMAN, C., BONINI, A. & FIGUEIREDO, D. (eds) *Genres in a Changing World*. The WAC Clearinghouse & Parlor Press, 196-222.

BORRAT, H. (1989) *El periódico, actor político*. Gustavo Gili.

BOU-FRANCH, P. & GARCÍA-CONEJOS BLITVICH, P. (2019) Introduction to Analyzing Digital Discourse: New Insights and Future Directions. En BOU-FRANCH, P. & GARCÍA-CONEJOS BLITVICH, P. (eds) *Analyzing Digital Discourse: New Insights and Future Directions*. Palgrave-Macmillan, 3-22.

BOU-FRANCH, P. (2021) Pragmatics and digital discourse in Spanish research En Koike, D.A. & Félix-Brasdefer, J.C. (eds) *The Routledge handbook of Spanish pragmatics: Foundations and interfaces* Routledge, 533-547.

BOURDIEU, P. (2005) *Sobre la televisión*. Barcelona: Anagrama.

BREZINA, A. (2018) *Statistics and Corpus Linguistics: A Practical Guide*. C.U.P.

BROWN, G. & YULE, G. (1983) *Discourse Analysis*. C.U.P.

CABALLERO MENGIBAR, A. (2015) Critical discourse analysis in the study of representation, identity politics and power relations: a multi-method approach. *Communication & Society* 28 (2): 39-54.

CANTOS GÓMEZ, P. (2013) *Statistical methods in Language and Linguistic Research*. Equinox.

CANTOS GÓMEZ, P., PARODI, G. y HOWE, C. (eds) (2022) *Lingüística de corpus en español / The Routledge Handbook of Spanish Corpus Linguistics*. Routledge.

CAPLE, H. & BEDNAREK, M. (2016) Rethinking news values. What a discursive approach can tell us about the construction of news discourse and news photography. *Journalism* 17 (4): 435-455.

CAPLE, H., BEDNAREK, M. https://www.newsvaluesanalysis.com/publications/

CAPLE, H. & KNOX, J.S. (2015) A framework for the multimodal analysis of online news galleries: What makes a «good» picture gallery? *Social Semiotics* 25 (3): 292-321.

CAPLE, H., HUAN, C. & BEDNAREK, M. (2020) *Multimodal News Analysis Across Cultures*. C.U.P.

CAPLE, H. (2018) Analysing the multimodal text. En *Corpus Approaches to Discourse: A Critical Review*, (eds) TAYLOR C. y MARCHI, A. Taylor & Francis Group, 85-109.

CARRIÓ-PASTOR, M.L. & ALBALAT-MASCARELL, A. (2023) The use of boosters and evidentials in British campaign debates on the Brexit referendum. *Pragmatics* 33: 1 - 22.

CARTER, R., GODDARD, A., REAH, D., SANGER, K. & BOWRING, M. (1997) *Working with Texts: A Core Book for Language Analysis*. Routledge.

CASTILLEJO MINENZA, C. (2021) Los 20 países con más violencia de género del mundo. *Psicología y Mente*. https://psicologiaymente.com/social/paises-con-mas-violencia-genero

CHANDLER, D. & MUNDAY, R (2020). Multimodality. *A Dictionary of Media and Communication*. O.U.P. http//www.oxfordreference.com/view/10.1093/acref/9780198841838.001.0001/acref-9780198841838-e-1806. Consultado 4 de agosto de 2024.

CLAVE-ARROITIA, B. & FUSTER-MÁRQUEZ, M. (2014) *The authenticity of real texts in advanced English language textbooks*. *ELT Journal* 68 (2): 124-134.

CLARK, C. (1992) The linguistics of blame: Representations of women in the Sun's reporting of crimes of sexual violence. En TOOLAN, M. (ed) *Language, text and context: Essays in Stylistics*. Routledge, 2018-226.

CONRAD, S. (2002) Corpus linguistic approaches for discourse analysis. *Annual Review of Applied Linguistics* 22: 75–95.

CRESWELL, J.W. & MILLER, D.L. (2010) Determining validity in qualitative inquiry. *Theory into Practice* 39 (3): 124-130.

DE MAEYER J. (2020) «A Nose for News»: From (News)Values to Valuation. *Sociologica* 14 (2): 109-132.

DHAR, S. (2018) Gender and Sustainable Development Goals (SDGs). *Indian Journal of Gender Studies* 25(1): 47-78.

DOLÓN-HERRERO, R. & FUSTER-MÁRQUEZ, M. (2016) A Corpus Study of Ideology-Driven Discourse Practice: The University Language Learner as Researcher. The Case of Prepositions. En CARRIÓ-PASTOR, M.L. (ed) *Technology Implementation in Second Language Teaching and Translation Studies*. Springer, 91-109.

DOLÓN-HERRERO, R. (2008) Discourse and Text Analysis. En FUSTER-MÁRQUEZ, M. y SÁNCHEZ-MACARRO, A. (eds) *Working with Words: An Introduction to English Linguistics*. PUV., 223-256.

DU PLOOY, G.M. (2001) Genre Analysis. En FOURIE, P.J. (ed.) *Media Studies. Vol 2: Content, audiences and production*. Juta, 59-104.

EASTEAL, P., BLATCHFORD, A., HOLLAND, P. & SUTHERLAND, G. (2022) Teaching journalists about Violence Against Women Best Reportage Practices: An Australian Case Study. *Journalism Practice* 16(10): 2185-2201.

EGBERT, J. & BAKER, P. (2019) *Using Corpus Methods to Triangulate Linguistic Analysis*. Routledge.

EGBERT, J. & SCHNUR, E. (2018) The Role of the text in Corpus and Discourse Analysis: Missing the trees for the forest. En TAYLOR, C. Y MARCHI, A.

(eds) *Corpus Approaches to Discourse: A Critical Review*. Taylor & Francis Group, 159-173.

EHRLICH, S. (2001) The Discursive construction of sexual consent. En CAMERON, D. & KULICK, D. (eds) *The language and sexuality reader*. Routledge, 196-214.

ENGUIX, S. & GALLARDO-PAÚLS, B. (2021) Coverage of the far-right in the Spanish written press: The case of Vox. En FUSTER-MÁRQUEZ, M., SANTAEMILIA, J., GREGORI-SIGNES, C. Y RODRÍGUEZ ABRUÑEIRAS, P. (eds) (2021a), 71-94.

FAIRCLOUGH, N., & WODAK, R. (1997). Critical discourse analysis. En van Dijk, T.A: (ed) *Discourse as social interaction: Discourse studies: A multidisciplinary introduction* vol. 2. Sage Publications, Inc., 258–284.

FAIRCLOUGH, N. (1989) *Language and power*. Longman.

FAIRCLOUGH, N. (1992) *Discourse and social change*. Polity.

FAIRCLOUGH, N. (2003) *Analysing discourse: Textual analysis for social research*. Routledge.

FAIRCLOUGH, N. (2013) *Critical Discourse Analysis: The Critical Study of language*. Taylor & Francis.

FAIRCLOUGH, N. (2018) CDA as dialectical reasoning. En FLOWERDEW, J. & RICHARDSON, J.E. (eds) (2018) *The Routledge Handbook of Critical Discourse Studies*. Routledge, 13-25.

FEEZ, S., IEDEMA, R. & WHITE, P. R. R. (2008) *Media Literacy*. NSW Adult Migrant Education Service.

FIRTH, J.R. (1935 [1957]) The technique of semantics. *Philological Society* 34 (1): 46-73.

FLOWERDEW, J. & RICHARDSON, J.E. (eds) (2018) *The Routledge Handbook of Critical Discourse Studies*. Routledge.

FOTIADOU, M. (2022) *The Language of Employability. A Corpus-based Analysis of UK University Websites*. Palgrave Macmillan.

FOURIE, P. J. (2001) *Media Studies. Vol. 2. Content, Audiences and Production*. Juta.

FOWLER, R., HODGE, B., KRESS, G. & TREW, T. (1979) *Language and Control*. Londres: Routledge.

FOWLER, R. (1991) *Language in the News: Discourse and Ideology in the Press*. Routledge.

FRANCIS, G. (1993) A corpus-driven approach to grammar. En BAKER, M., FRANCIS, G. & TOGNINI-BONELLI, E. (eds) *Text and Technology* John Benjamins, 137-156.

FRUTTALDO, A. (2017) *news discourse and digital currents: A Corpus-based Genre analysis of news tickers*. Cambridge Scholars Publishing.

FUENTES RODRÍGUEZ, C. (2019) La valoración como estrategia persuasiva. *Estudios de Lingüística del Español* 40: 117-151.

FUSTER-MÁRQUEZ, M. & SÁNCHEZ-MACARRO, A. (eds) (2008) *Working with Words*. PUV.

FUSTER-MÁRQUEZ, M. & CLAVEL-ARROITIA, B. (2010) Corpus linguistics and its applications in higher education. *Revista Alicantina de Estudios Ingleses* 23: 51-67.

FUSTER-MÁRQUEZ, M. & GREGORI-SIGNES, C. (2019) La construcción discursiva del turismo en la prensa española (verano de 2017). *Discurso & Sociedad* 13(2): 195-224.

FUSTER-MÁRQUEZ, M. & GREGORI-SIGNES, C. (2021) A corpus-based critical discourse analysis of «Un violador en tu camino/ A Rapist in your Path». Ponencia en *IGALA 11*, 2021. Londres.

FUSTER-MÁRQUEZ, M., SANTAEMILIA, J., GREGORI-SIGNES, C. & RODRÍGUEZ ABRUÑEIRAS, P. (2021a) *Exploring discourse and ideology through corpora*. Colección *Linguistic Insights*. Peter Lang.

FUSTER-MÁRQUEZ, M., SANTAEMILIA, J., GREGORI-SIGNES, C. & RODRÍGUEZ ABRUÑEIRAS, P. (2021b) Insights from corpus-assisted discourse analysis: Unveiling social attitudes and values). En FUSTER-MÁRQUEZ, M., SANTAEMILIA, J., GREGORI-SIGNES, C. & RODRÍGUEZ ABRUÑEIRAS, P. (eds) (2021a), 7-16.

FUSTER-MÁRQUEZ, M. & MARUENDA-BATALLER, S. (2023) *English Words and phrases: An Integrative Approach*. Tirant lo Blanch.

FUSTER-MÁRQUEZ, M. (2014) Lexical bundles and phrase frames in the language of hotel websites.

FUSTER-MÁRQUEZ, M. (2020) «Con tan enfermo cerebro»: Fraseología recurrente en Corazón tan Blanco de Javier Marías. *Círculo de lingüística aplicada a la comunicación* 83: 51-64.

FUSTER-MÁRQUEZ, M. (ed.) (2020) An interview with Professor Tony McEnery, by Sánchez-Moya, A. *Boletín Electrónico AELINCO* 7: 4-7.

FUSTER-MÁRQUEZ, M. (2022) Análisis contrastivo de la noticiabilidad en torno a la representación periodística de la violencia de género en la prensa española y estadounidense. En GAROFALO, G. (ed.) *Estudios de género asistidos por corpus: Enfoques multidisciplinarios.* Colección *Linguistic Insights.* Peter Lang, 67-98.

FUSTER-MÁRQUEZ, M. (2025, en prensa) The media presence of the Spanish far-right in speeches about gender-based violence: An approach from corpus linguistics. En MORENO-SERRANO, L.M. & MARUENDA-BATALLER, S. (eds) *Discourse Approaches to Gender-Based Violence: Deconstructing Social Inequality Through Linguistic Inquiry.* Mouton de Gruyter.

GABLASOVA, D., BREZINA, V. & MCENERY, T. (2017) Collocations in Corpus-Based Language Learning Research: Identifying, Comparing, and Interpreting the Evidence. *Language Learning* 67: 155-179.

GABRIELATOS, C. & MARCHI, A. (2012) Keyness: Appropriate metrics and practical issues. Talk given at *CADS International Conference* 13–14 September 2012.

GABRIELATOS, C. (2018) Keyness analysis: nature, metrics and techniques. En TAYLOR, C. y MARCHI, A. (eds) *Corpus Approaches to Discourse: A critical review.* Routledge, 225-258.

GABRIELATOS, C. (nov. 2021) *Bibliography of Discourse-Oriented Corpus Studies.* Retrieved from [https://research.edgehill.ac.uk/en/activities/bibliography-of-discourse-oriented-corpus-studies].

GALLARDO PAÚLS, B. (2014) *Usos políticos del lenguaje.* Anthropos/Siglo XXI.

GALTUNG, J. & RUGE, H. M. (1965) The Structure of Foreign News. *Journal of Peace Research* 2(1): 64-91.

GANS, H. J. (1979) *Deciding What's News: A Study of CBS Evening News, NBC Nightly News, Newsweek, and Time.* Pantheon Books.

GOULART, L., GRAY, B., STAPLES, S., BLACK, A., SHELTON, A. & BIBER, D. (2020) Linguistic Perspectives on Register. *Annual Review of Linguistics* 6: 435-455.

GREGORI-SIGNES, C. & FUSTER-MÁRQUEZ, M. (2021) A Discursive-contrastive News Values analysis of 'Un violador en tu camino/ A Rapist in your Path'. Ponencia presentada en IGALA 11, 22 al 24 de junio de 2021. Universidad de Queen Mary, Londres.

GREGORI-SIGNES, C. (2022) Un violador en tu camino / A rapist in your path: un grito global contra la cultura de la violación. En GAROFALO, G. (ed.) *Estudios de género asistidos por corpus: Enfoques multidisciplinarios.* Colección *Linguistic Insights.* Peter Lang, 39-65.

GREGORI-SIGNES, C. (2023) Who's friends with the victim? A corpus- based stylistic approach to the analysis of the TV series The Killing. En MACI, S. & GAROFALO, G. (eds) *Investigating Discourse and Text. Corpus-Assisted Analytical Perspectives.* Peter Lang, 221-251.

GRIES, S. (2010) Corpus linguistics and theoretical linguistics A love–hate relationship? Not necessarily... *International Journal of Corpus Linguistics* 15(3): 327–343.

GRIFFIN, G. (2017) *A Dictionary of Gender Studies.* O.U.P. https://www.oxfordreference.com/view/10.1093/acref/9780191834837.001.0001/acref-9780191834837-e-370 [Consultado 6 Feb. 2023].

GUMIEL, P. L. (2021) *El tratamiento informativo en televisión: Los macrogéneros información e infoentretenimiento.* Tesis Doctoral. UAB.

HALL, S. (1997) *Representation: cultural representations and signifying practices.* Sage in Association with the Open University.

HALLIDAY, M.A.K. & HASAN, R. (1976) *Cohesion in English.* LONGMAN.

HALLIDAY, M.A.K., rev. MATTHIESSEN (2014, 4ta ed.) *Halliday's Introduction to Functional Grammar.* Routledge.

HARCUP, T. & O'NEILL, D. (2017) What is news? News values revisited (again). *Journalism Studies* 18 (12): 1470-1488.

HARDT-MAUTNER, G. (1995) «Only Connect»: Critical Discourse Analysis and corpus linguistics.

UCREL Technical Paper 6. University of Lancaster.

HART, C. & LUKEŠ, D. (2007) Cognitive Linguistics in Critical Discourse Studies: Application and Theory. Cambridge Scholar Publishing.

HARTLEY, J. (1982) Understanding News. Methuen & Co. Ltd.

HERNÁNDEZ-CAMPOY, J.M. (2008) Sociolinguistics. En FUSTER-MÁRQUEZ, M. & SÁNCHEZ-MACARRO (eds) Working with Words. PUV., 257-288.

HERNÁNDEZ-CAMPOY, J.M. (2014) Research Methods in Sociolinguistics. AILA Review 27 (1): 5-29.

HERNANDO CUADRADO, L.A. (1994) Comunicación y lenguaje en el periodismo escrito. Didáctica 6: 145-159.

HETTINGA, K. & SMITH, E. (2021) How a copy desk «edit» influenced corrections at the New York Times. Newspaper Research Journal 42(2): 182–197.

HOLMES, J. & MEYERHOFF, M. (eds) (2003) The Handbook of Language and Gender. Blackwell Publishing Ltd.

HUMANES, M.L. (2001) El encuadre mediático de la realidad social. Un análisis de los contenidos informativos en televisión. Zer 11: 119-142.

HUNSTON, S. (2010) Corpus Approaches to Evaluation: Phraseology and Evaluative Language. Routledge.

IEDEMA, R., FEEZ, S. & WHITE, P.R.R. (1994) Media literacy. Sydney, NSW: Department of School Education.

IGARTUA, J.J. & HUMANES, M.L. (2004) Teoría e investigación en comunicación social. Editorial Síntesis.

JAVADINEJAD, A. (2022) The role of news values in the discursive construction of the Brexit referendum in the UK press. Tesis Doctoral. Universitat de València.

JAVADINEJAD, A. (2023) A corpus-assisted approach to discursive news values analysis. RiCL 12 (1): 1–29. https://doi.org/10.32714/ricl.12.01.01.

JAWORSKI, A. & COUPLAND, N. (2006, 2da ed.) The Discourse Reader. Routledge.

KAPLAN, N. (2004) Nuevos desarrollos en el estudio de la evaluación en el lenguaje: la teoría de la valoración. Boletín de lingüística 22 (Jul – Dic.): 52 – 78.

KEITH, S. (2019) Copy Editors and Subeditors. The International Encyclopedia of Journalism Studies. Wiley Online Library.

KILGARRIFF, A. (2009) Simple maths for keywords. En MAHLBERG, M., GONZÁLEZ-DÍAZ, V. & SMITH, C. (eds) Proceedings of the Corpus Linguistics Conference. University of Liverpool.

KILGARRIFF, A., VÍT BAISA, V., JAN BUSTA, J., & JAKUBICEK, M. (2014) The Sketch Engine: Ten Years On. Lexicography 1 (1): 7–36.

KRESS, G. (2010) Multimodality: A Social Semiotic Approach to Contemporary Communication. Routledge.

LANGER, J. (2000) La televisión sensacionalista: el periodismo popular y las «otras noticias». Paidós.

LAZAR, M. (ed.) (2005) Feminist Critical Discourse Analysis: Gender, Power and Ideology in Discourse. Palgrave-Macmillan.

LAZAR, M. M. (2007) Feminist Critical Discourse Analysis: Articulating a Feminist Discourse Praxis. Critical Discourse Studies 4(2): 141–164.

LAZAR, M. (2018) Feminist critical discourse analysis. En FLOWERDEW, J. & RICHARDSON, J.E. (eds) Routledge Handbook of Critical Discourse Studies. Routledge, 372-387.

LEE, D. Y. W. (2001) Genres, registers, text types, domains, and styles: clarifying the concepts and navigating a path through the BNC jungle. Language Learning and Technology 5(3): 37-72.

LEECH, G. (2007) New resources, or just better old ones? The Holy Grail of representativeness. En HUNDT, M., NESSELHAUF, N., & BIEWER, C. (eds) Corpus Linguistics and the Web. Rodopi, 133-149.

LINDEGREN-LERMAN, C. (1983) Dominant discourse: the institutional voice and the control of topic. En H. Davis, H. & Walton, P. (eds) Language, Image, Media. Blackwell, 75–103.

LIPPMANN, W. (1922) Public Opinion. Harcourt Brace.

LISCHINSKY, A. (2018) Overlooked text types: From fictional texts to real-world discourses. En TAYLOR, C. & MARCHI, A. (eds) Corpus

Approaches to Discourse: A Critical Review, Taylor & Francis Group, 60-81.

LLOYD, C. (1994) *News and Feature Writing*. Course Materials, Graduate School of Journalism, University of Wollongong (Australia).

MAHLBERG, M. (2009) Local textual functions of 'move' in newspaper story patterns. En RÖMER, U. & SCHULZE, R. (eds) *Exploring the Lexis-Grammar Interface*. John Benjamins, 265-287.

MARCHI, A. (2018) Dividing up the data: Epistemological, methodological and practical impact of diachronic segmentation. En TAYLOR, C. & MARCHI, A. (eds) *Corpus Approaches to Discourse: A Critical Review*. Taylor & Francis Group, 174 – 196.

MARQUÉS PASCUAL, J. (2015) Los criterios de noticiabilidad como factor de éxito del clickactivismo. El caso de Change.org. *Estudios sobre el Mensaje Periodístico* 21(2): 883-898.

MARTIN, F. & DWYER, T. (2019a) The Numbers Game: Social News Analytics. En MARTIN, F. & DWYER, T. (eds) *Sharing News Online: Commendary Cultures and Social Media New Ecologies*. Palgrave Macmillan, 61-90.

MARTIN, F. & DWYER, T. (2019b) *The Business of News Sharing*. En MARTIN, F. & DWYER, T. (eds) *Sharing News Online: Commendary Cultures and Social Media New Ecologies*. Palgrave Macmillan, 21-60.

MARTIN, F. & DWYER, T (2019c) The Numbers Game: Social News Analytics. EN MARTIN, F. & DWYER, T. (eds) *Sharing News Online: Commendary Cultures and Social Media New Ecologies*. Palgrave Macmillan, 91-128.

MARTIN, F. (2019a) In the Suicide Forest: How Social Media News Sharing Is Affecting News Journalism. En MARTIN, F. & DWYER, T. (eds) *Sharing News Online: Commendary Cultures and Social Media New Ecologies*. Palgrave Macmillan, 1-19.

MARTIN, F. (2019b) Commendary Cultures. En MARTIN, F. y DWYER, T. (eds) *Sharing News Online: Commendary Cultures and Social Media New Ecologies*. Palgrave Macmillan, 21-60.

MARTIN, J. & MATTHIESSEN, C. M. I. M. (1991) 'Systemic typology and topology'. En CHRISTIE, F. (ed) *Literacy in Social Processes*. Darwin: Centre for Studies in Language in Education, Northern Territory University, 345–383.

MARTIN, J. & ROSE, D. (2003) *Working with Discourse: Meaning Beyond the Clause*. Continuum.

MARTIN, J. (2004) Positive discourse analysis: solidarity and change. *Revista Canaria de Estudios Ingleses* 49: 179-200.

MARTIN, J. & WHITE, P.R.R. (2005) *The Language of Evaluation: Appraisal in English*. Palgrave Macmillan.

MARTINS CALDAS, J.E., PESSOA PRATA, N.P. & DE LUCENA, I.L. (2018) La evidencialidad en noticias escritas en lengua española. *Domínios de Lingu@gem* 12(3): 1484-1520.

MARUENDA-BATALLER, S. (2021) The role of news values in the discursive construction of the female victim in media outlets: A comparative study. En FUSTER MÁRQUEZ, M., SANTAEMILIA, J., GREGORI-SIGNES, C., & RODRÍGUEZ-ABRUÑEIRAS, P. (eds) *Exploring discourse and ideology through corpora*. Peter Lang, 141-165.

MAUTNER, G. (2016a) Checks and balances: how corpus linguistics can contribute to CDA. En WODAK, R. y MEYER, M. (eds) *Methods of Critical Discourse Studies*. Sage, 154-179.

MAUTNER, G. (2016b) *Discourse and Management: Critical Perspectives Through the Language Lens*. Palgrave.

McENERY, T. & GABRIELATOS, C. (2006) English Corpus Linguistics. En AARTS, B. y McMAHON, A. (eds) *The handbook of English linguistics*. Blackwell, 33-71.

McENERY, T. & HARDIE, A. (2011) *Corpus Linguistics: Method, theory and practice*. C.U.P.

MOLINA JÁCOME, I., CAMARGO, N. GUERRERO, A. & MAGALLANES, L. (2018) Valores noticiosos: una revisión de la literatura académica. *Revista Encuentros* 16(1): 34-45.

MOLOTCH, H., & LESTER, M. (1974) News as purposive behavior: On the strategic us of routine events, accidents and scandals. *American Sociological Review* 39 (1): 101-112.

Montgomery, M. (2007) *The Discourse of Broadcast News. A Linguistic Approach*. Routledge.

Moreno-Ortiz, A. (2024) *Making Sense of Large Social Media Corpora. Keywords, Topics, Sentiment, and Hashtags in the Coronavirus Twitter Corpus*. Palgrave Macmillan.

O'Halloran, K. (2010) How to use corpus linguistics in the study of media discourse. O'Keeffe, A. y McCarthy, M. (eds) *The Routledge Handbook of Corpus Linguistics*, Routledge, 563-577.

Partington, A. & Duguid, A. (2018) Absence. En Taylor, C. & Marchi, A. (eds) (2018) *Corpus Approaches to Discourse: A Critical Review*. Taylor & Francis Group, 38-59.

Partington, A., Duguid, A., & Taylor, C. (2013, 2da ed.) *Studies in Corpus Linguistics: Patterns and Meanings in Discourse: Theory and Practice in Corpus-assisted Discourse Studies (CADS)*. John Benjamins Publishing Company.

Partington, A. (2004) Corpora and discourse: A most congruous beast. En Partington, A., Morley, J. & Haarman, L. (eds) *Corpora and Discourse*. Peter Lang, 11-20.

Partington, A. (2008) The Armchair and the Machine: Corpus-assisted Discourse Research. En Taylor Torsello, C., Katherine Ackerley, K. y Castello, E.(eds) *Corpora for University Language Teachers*. Peter Lang, 95-108.

Partington, A. (2009) Evaluating Evaluation and Some Concluding Thoughts on CADS. En Morley, J. y Bayley, P. (eds), *Corpus-Assisted Discourse Studies on the Iraq Conflict: Wording the War*. Routledge, 261-303.

Partington, A. (ed.) (2010) Modern Diachronic Corpus-Assisted Discourse Studies (MD-CADS). *Corpora*, 5(2).

Partington, A. (2012) The changing discourses on antisemitism in the UK press from 1993 to 2009.A modern-diachronic corpus-assisted discourse study. *Journal of Language and Politics* 11(1): 51–76.

Partington, A. (2015) Corpus-Assisted Comparative Case Studies of Representations of the Arab World. En Baker, P. (ed.) *Corpora and Discourse Studies*, 220-243.

Patterson, T.E. (2000, December) Doing Well and Doing Good. *KSG Faculty Research Working Papers* Series RWP01-001.

Potts, A, Bednarek, M. & Caple, H. (2015) How can computer-based methods help researchers to investigate news values in large datasets? A corpus linguistic study of the construction of newsworthiness in the reporting on Hurricane Katrina. *Discourse and Communication* 9(2): 149-172.

Richardson, J.E. (2007) *Analysing newspapers: An approach from critical discourse analysis*. Palgrave Macmillan.

Santaemilia, J. & Maruenda, S. (2013) Naming practices and negotiation of meaning: A corpus-based analysis of Spanish and English newspaper discourse. En Kecskes, I. y Romero Trillo, J. (eds) *Research Trends in Intercultural Pragmatics*. Berlin: De Gruyter Mouton, 439-457.

Santaemilia, J. & Maruenda, S. (2014) The linguistic representation of gender violence in (written) media discourse: The term 'woman' in Spanish contemporary newspapers. *Journal of Language Aggression and Conflict* 2(2): 249-273.

Santaemilia, J. (2021) News values as evaluation. Main naming practices in Violence Against Women news stories in contemporary Spanish newspapers: El País vs. El Mundo (2005-2010). *RiCL* 9(2): 90-113.

Scott, M. & Tribble (2006) *Textual Patterns: Key words and corpus analysis in language education*. Jogn Benjamins.

Scott, M. (1996) *WordSmith Tools Manual*. Oxford: O.U.P.

Scott, M. (1997) PC Analysis of Key Words, and Key Key words. *System* 25(2): 233-245.

Sinclair, J. (1988) Mirror for a Text. *Journal of English and Foreign Languages* 1: 15–44.

Sinclair, J. (1991) *Corpus, Concordance, Collocations*. O.U.P.

SPARKS, C. (1999) The Press. En STOKES, J. & READINGS, A. (eds) *The media in Britain*. Macmillan Press Ltd., 41-59.

STEFANOWITSCH, A. (2020) *Corpus Linguistics: A guide to the methodology*. Language Science Press.

STUBBS, M. (1996) *Text and Corpus Analysis*. Blackwell.

STUBBS, M (2001) *Words and Phrases: Corpus Studies of Lexical Semantics*. Blackwell.

STUBBS, M (2005) Conrad in the computer: Examples of quantitative stylistic methods. *Language and Literature*, 14(1): 5–24.

STUBBS, M (2007) An example of frequent English phraseology: distributions, structures and functions. En FACCHINETTI, R. (ed) *Corpus linguistics 25 years on*. Radopi, 89-105.

STUBBS, M. (2016) HUNSTON, S. (2013) *Corpus Approaches to Evaluation: Phraseology and Evaluative Language*. Book review. *International Journal of Corpus Linguistics* 21 (1): 130-132.

SUBTIRELU, N.C. & BAKER, P. (2018) Corpus-based approaches. En FLOWERDEW, J. y RICHARDSON, E. (eds) *The Routledge Handbook of Critical Discourse Studies*, Routledge Handbooks, 106-119.

TADROS, A. (1993) The pragmatics of text averral and attribution in academic texts. En, HOEY, M. (ed.) *Data, Description, Discourse*. Harper Collins, 98–114.

TALBOT, M. (2007) Media Discourse: Representation and Interaction. Edinburgh University Press.

TANIKAWA, M. (2017) What Is News? What Is the Newspaper? The Physical, Functional, and Stylistic Transformation of Print Newspapers. *International Journal of Communication* 11: 3519–3540.

TEUBERT, W. (2004) Language and Corpus Linguistics. En HALLIDAY, M.A.K., TEUBERT, W., YALLOP, C. & Cermakova, A. (eds) *Lexicology and Corpus Linguistics: An Introduction*. Continuum, 73-112.

TAYLOR, C. (2018) Similarity. En TAYLOR, C. y MARCHI, A. (eds) *Corpus Approaches to Discourse: A Critical Review*. Taylor & Francis Group, 19-37.

THOMPSON, G. & HUNSTON, S. (2000) Evaluation: An Introduction. En HUNSTON, S. & THOMPSON, G. (eds) (2000) *Evaluation in text: Authorial stance and the Constructions of Discourse*. O.U.P., 1- 27.

THOMSON, E. A., WHITE, P.R.R. & KITLEY, P. (2008) «Objectivity» and «hard news» reporting across cultures. *Journalism Studies* 9: 212-228.

THORNBORROW, J. & WAREING, S. (1998) *Patterns in Language: An Introduction to Language and Literary Style*. Routledge.

TITSCHER, S., MEYER, M., WODAK, R. & VETTER, E. (2000) *Methods of text and discourse analysis*. SAGE Publications Ltd.

TOGNINI-BONELLI, E., & MANCA, E. (2004) Welcoming children, pets and guests: Towards functional equivalence in the languages of 'Agriturismo' and 'Farming holidays. En AIJMER, K. & ALTENBERG, B. (eds) *Advances in Corpus Linguistics*. Papers from the 23rd International Conference on English Language Research on Computerized Corpora (ICAME23). Gothenburg 22–26 May 2002. Rodopi, 371-385.

TOGNINI-BONELLI, E. (2001) *Corpus Linguistics at Work*. John Benjamins.

TOGNINI-BONELLI, E. (2002) Functionally complete units of meaning across English and Italian: Towards a corpus driven approach. En ALTENBERG, B. & GRANGER, S. (eds.) *Lexis in Contrast: Corpus-based Approaches*. Benjamins, 73-95.

TRUDGILL, P.J. (1978) Introduction: Sociolinguistics and sociolinguistics. En TRUDGILL, P.J. (ed.) *Sociolinguistic Patterns in British English*. Edward Arnold, 1–18.

TUCHMAN, G. (1973) Making News by Doing Work: Routinizing the Unexpected. *American Journal of Sociology* 79 (1): 110-131.

VAARA, E. (2010) Critical Discourse Analysis as methodology in Strategy as Practice Research. En GOLSORKHI, D, ROULEU, L. SEIDL, D.

& Vaara, E. (eds) *Cambridge Handbook of Strategy as Practice*. C.U.P., 217-229.

Van Dijk, T.A. (1985) Structures of news in the press. En *Discourse and Communication: New Approaches to the Analysis of Mass Media Discourse and Communication*. De Gruyter, 69-93. https://doi.org/10.1515/9783110852141.

Van Dijk, T.A. (1988a) *News analysis: Case studies of international and national news in the press*. Erlbaum.

Van Dijk, T.A. (1988b) *News as discourse*. Erlbaum.

Van Dijk, T.A. (1990) *La noticia como discurso: comprensión, estructura y producción de la información*. Paidós Comunicación. [trad. De G. Gal]

Van Dijk, T.A. (1993) Principles of critical discourse analysis. *Discourse & Society* 4(2): 249-283.

Van Dijk, T.A. (1998) *Ideology: A multidisciplinary approach*. Sage.

Van Dijk, T.A. (2004) *Discurso y dominación*. Universidad Nacional de Colombia. Sede Bogotá. Facultad de Ciencia Humanas.

Van Dijk, T.A. (2008) *Discourse and power*. Palgrave Macmillan.

Van Dijk, T.A. (2010) Discurso, conocimiento, poder y política. Hacia un análisis crítico epistémico del discurso. *Revista de Investigación Lingüística* 13: 167-215

Van Dijk, T.A. (2011) Structures of news in the press. En Van Dijk, T.A. (ed) *Discourse and Communication: New Approaches to the Analysis of Mass Media Discourse and communication*. De Gruyter, 69-93.

Van Dijk, T.A. (2013) Ideology and Discourse. En Freeden, M., Sargent, L.T. & Stears, M. (eds) *The Oxford Handbook of Political Ideologies*. O.U.P., 175-196.

Van Dijk, T.A. (2015, 2nd ed) Critical Discourse Analysis. En Tannen, D., Hamilton, H. E. & Schiffrin, D. (eds) *The Handbook of Discourse Analysis*. John Wiley & Sons, Inc., 466-485.

Van Leeuwen, T.J. (2011) *The Language of Colour – An Introduction*. Routledge.

Velásquez Ossa, C.M. (2011, 2da ed.) Una aproximación a los géneros periodísticos. En García P., V.M. y Gutiérrez C., L.M. (eds) *Manual de géneros periodísticos*. Ecoe Ediciones. Universidad de la Sabana, 31-41.

Villafañe, J., Prado, E., Bustamante, E. (1987) *Fabricar noticias: las rutinas productivas en radio y televisión*. Mitre.

Weiss, G. & Wodak, R. (eds) (2003) *Critical discourse analysis: Theory and interdisciplinarity*. Palgrave Macmillan.

White P. R. R. (1997) 'Death, Disruption and the Moral Order: the Narrative Impulse in Mass-Media Hard News Reporting', En Christie F; Martin JR (eds) *Genres and Institutions: Social Processes in the Workplace and School*. Cassell, 101 – 133.

White, P.R.R. (2000) 'Media Objectivity and the Rhetoric of News Story Structure'. En Ventola, E. (ed.) *Discourse and community. doing functional linguistics*. Gunter Narr Verlag, 379-397.

Widdowson, H. (2004) *Text, Context, Pretext: Critical Issues in Discourse Analysis*. Blackwell.

Wodak, R. & Meyer, M. (2016) Critical discourse studies: history, agenda, theory and Methodology. En Wodak, R. & Meyer, M. (eds), *Methods of Critical Discourse Studies*. Sage, 1-22.

Wodak, R. (ed) (1998) *Gender and Discourse*. Sage

Yanes Mesa, R. (2004) El artículo, un género entre la opinión y la actualidad. *Revista latina de comunicación social* 58: 1-10.

Zurbano Berenguer, B. (2012) El concepto 'violencia de género' en la prensa diaria nacional española. *Cuestiones de Género: De la Igualdad y la Diferencia* 7: 25–44.

Zurbano Berenguer, B. & Martín Fábregas, J. (2011) Periodismo y violencia de género: la necesidad de un compromiso. En Suárez Villegas, J.C. (ed.) *Libro de Actas I Congreso Internacional de Ética de la Comunicación*. Universidad de Sevilla, 124-139.

colección

INTERLINGUA

Director: Pedro San Ginés Aguilar • Ana Belén Martínez López